FACULTÉ DE DROIT DE PARIS

DROIT ROMAIN

VENTE DE LA CHOSE D'AUTRUI

DROIT FRANÇAIS

DES DROITS DE LA FEMME

EN

CAS DE FAILLITE DU MARI

THÈSE POUR LE DOCTORAT

PAR

CAMILLE DIEUDONNÉ

Avocat à la Cour d'Appel

PARIS
LIBRAIRIE NOUVELLE DE DROIT ET DE JURISPRUDENCE
ARTHUR ROUSSEAU
ÉDITEUR
14, rue Soufflot et rue Toullier, 13

1893

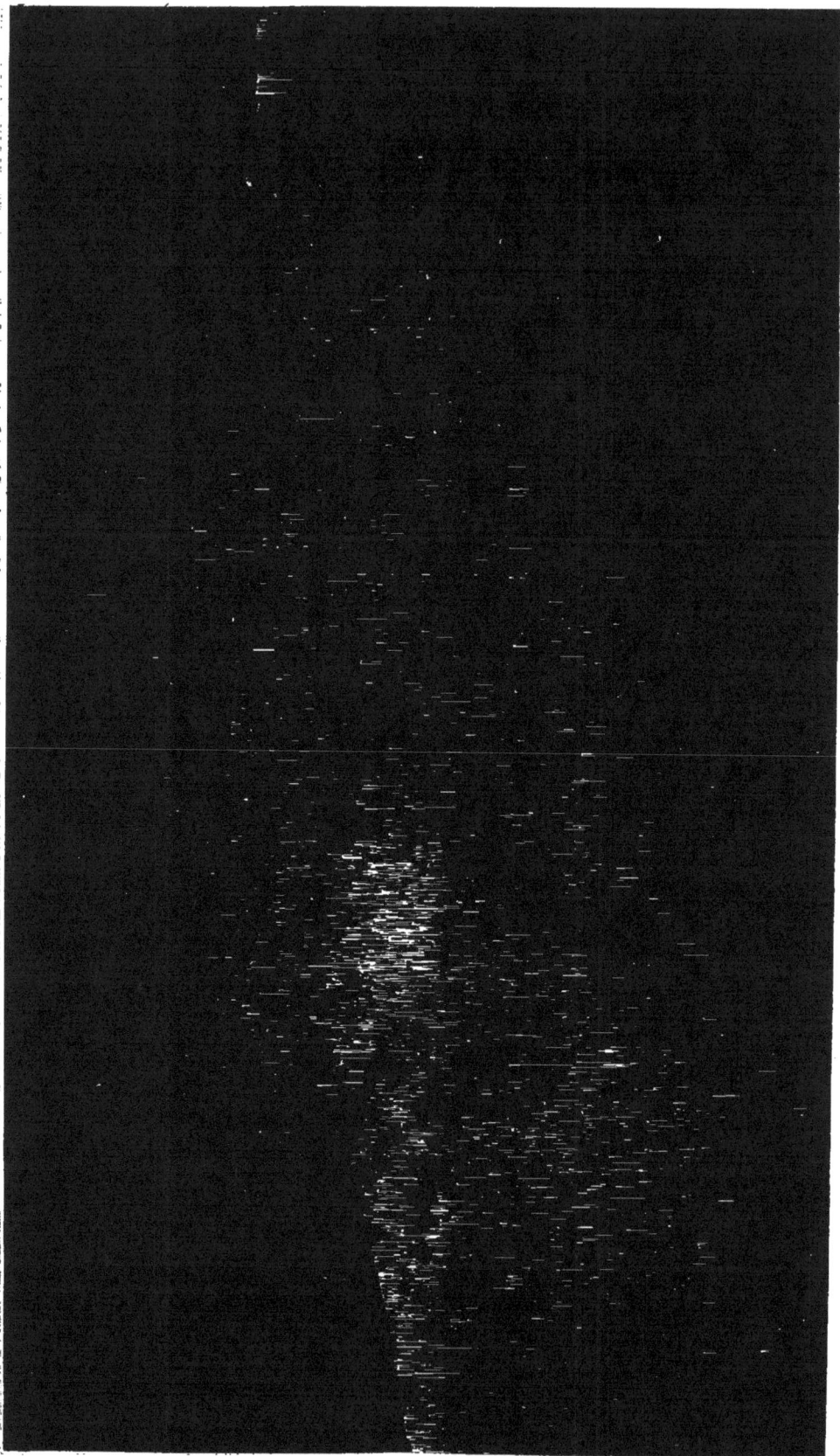

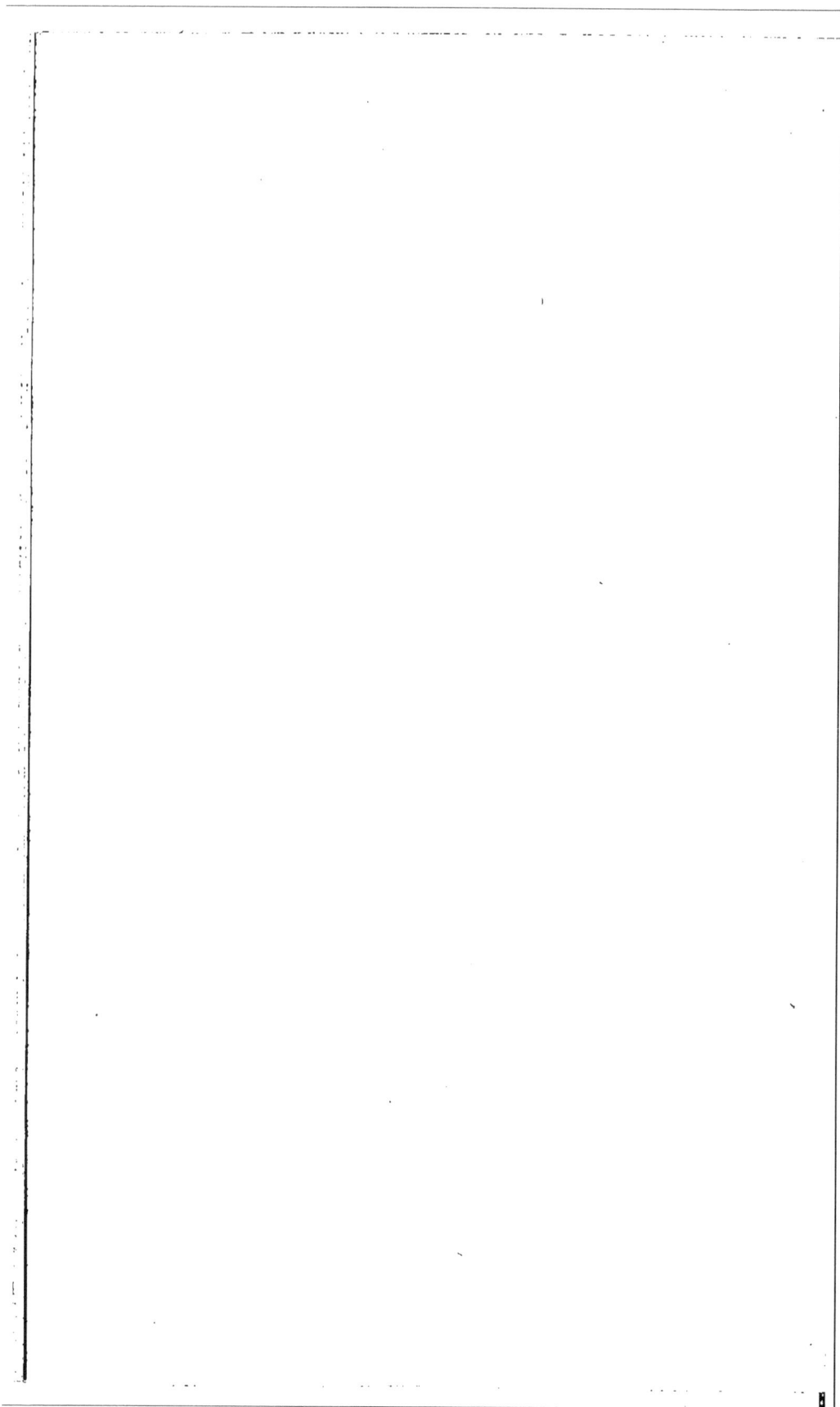

THÈSE DE DOCTORAT

Thèse

FACULTÉ DE DROIT DE PARIS

DROIT ROMAIN

VENTE DE LA CHOSE D'AUTRUI

DROIT FRANÇAIS

DES DROITS DE LA FEMME

EN

CAS DE FAILLITE DU MARI

THÈSE POUR LE DOCTORAT

L'acte public sur les matières ci-après sera soutenu le Vendredi 2 Juin 1893 à une heure

PAR

Camille DIEUDONNÉ

Avocat à la Cour d'Appel

Président : M. GARSONNET

Suffragants : { MM. RATAUD
BEAUREGARD } Professeurs
Léon MICHEL

PARIS

LIBRAIRIE NOUVELLE DE DROIT ET DE JURISPRUDENCE

ARTHUR ROUSSEAU

ÉDITEUR

14, rue Soufflot et rue Toullier, 13

1893

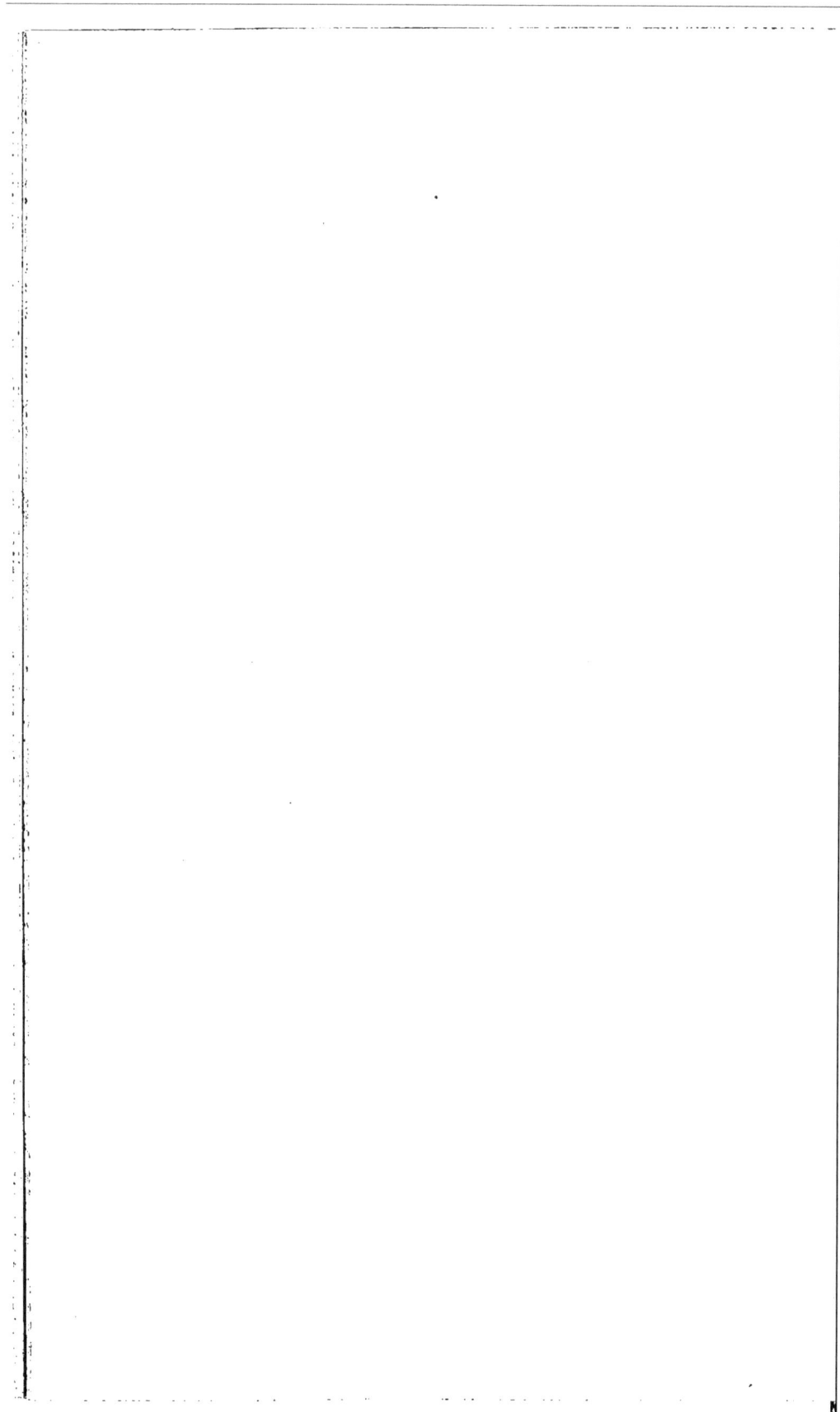

A LA MÉMOIRE DE MON PÈRE

A MA MÈRE

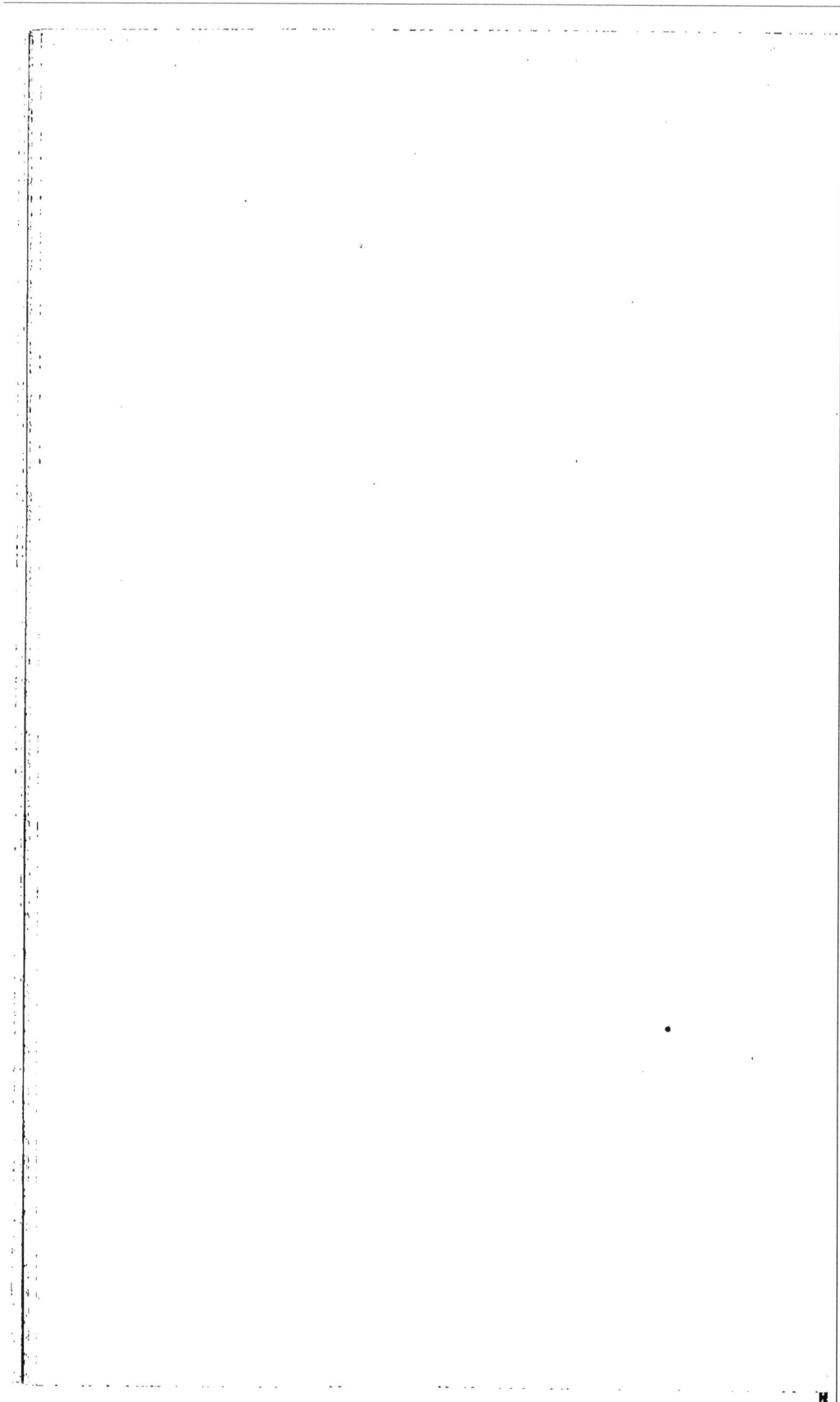

DROIT ROMAIN

—

DE LA VENTE DE LA CHOSE D'AUTRUI

CHAPITRE I

DE LA VALIDITÉ DE LA VENTE DE LA CHOSE D'AUTRUI.—
FONDEMENT DU PRINCIPE. — CARACTÈRES DE LA VA-
LIDITÉ.

La vente de la chose d'autrui était valable en droit
romain ; c'est là un principe incontestable, mais dont
il faut dès le début de cette étude, circonscrire la portée.

De prime abord, il semble en effet qu'il y ait dans
cette proposition quelque chose d'exorbitant et de
contraire aux notions les plus élémentaires du droit et
de la morale. Un étranger pourrait-il me dépouiller de
ce qui m'appartient et en disposer à son gré ? Aucune
législation n'a pu consacrer un droit aussi monstrueux.

1

Dès qu'un peuple, sorti de la barbarie, s'ouvre à la civilisation, parmi les vérités fondamentales posées à la base de la société qu'il va former, on trouve celle de l'inviolabilité de la propriété.

Aussi bien n'est-ce pas là le sens qu'il faut donner à notre principe de la validité de la vente de la chose d'autrui. Vis-à-vis du propriétaire de la chose cette vente constitue un acte indifférent [1]; elle est *res inter alios acta*. Ulpien, dans la loi 28 (De Contrah. empt. XVIII, 1) après avoir, en termes formels, reconnu la validité d'une telle vente, ajoute aussitôt : *sed res emptori auferri potest*.

Avant de rechercher quel est le fondement de la validité de la vente de la chose d'autrui, mentionnons en passant un texte, (le fragment 3, C. de rei vind. III. 32.) sur lequel quelques auteurs ont voulu s'appuyer pour contester notre principe : *Mater tua, vel maritus, fundum tuum invita vel ignorante te vendue jure non potuit ; sed rem tuam a possessore vindicare etiam non oblato pretio poteris.* La seconde partie de la phrase suffit à dissiper toute équivoque ; car l'idée qui ressort bien nettement de ce fragment est celle que nous émettions plus haut que la vente de la chose d'autrui ne pouvait avoir d'effet

---

[1] Indifférent en ce sens, qu'elle ne le dépouille pas de la propriété au profit de l'acheteur; mais elle constitue contre lui un *justa causa* qui lui permettra d'usucaper.

vis-à-vis du propriétaire toujours admis à la revendiquer.

Cujas donne de ce texte une explication différente; d'après ce jurisconsulte, il s'agirait ici d'une vente *per mancipationem*, laquelle étant translative de propriété devait être déclarée nulle. Il semble difficile d'admettre cette interprétation, le mot *vendere* ayant pris bien avant l'époque classique, une signification plus large et désignant aussi les ventes exécutées *per traditionem*. D'autre part, il faut reconnaître que cette explication n'est pas celle qui vient naturellement à l'esprit à la lecture du texte.

La validité du principe admis, il importe de rechercher quel en est le fondement. La vente était, à Rome, un contrat simplement productif d'obligations, *non nudis pactis dominia transferuntur sed traditionibus et mancipationibus*; dès que les parties étaient tombées d'accord sur la chose et sur le prix, le contrat était formé, *perfectus*. Quoi de plus naturel alors que l'objet d'un tel contrat pût être, une chose dont le vendeur n'était pas propriétaire? Ne pourra-t-il pas dans l'intervalle qui va s'écouler entre le contrat et la tradition, arriver à une entente avec le propriétaire et obtenir de lui qu'il se dessaisisse de son bien? A-t-il été téméraire en comptant trop facilement sur la bonne volonté du propriétaire? L'acheteur aura contre lui un recours fondé sur le préjudice que lui cause l'inexécution du contrat.

Quelques auteurs ont cherché dans d'autres motifs un appui au principe de la validité. Ils ont dit : la vente de la chose d'autrui est valable parce que le vendeur n'est pas tenu de transférer la propriété, il doit seulement une possession libre, à l'abri de tout trouble. Cette théorie paraît inadmissible à quiconque prend garde que la stipulation de la chose d'autrui a toujours été reconnue valable (L. 15, § 3, de usurp. et usuc. XLI, 3 ; — L. 91. § 1. de verb. oblig. XLV, 1) et, cependant, dans ce cas, le promettant s'obligeait à transférer la propriété.

Du reste, s'il est très vrai que le vendeur doit seulement livrer la possession, il ne faut pas pousser cette idée trop loin.

A Rome, comme de nos jours, on achète pour devenir propriétaire. Cette obligation n'est pas imposée directement au vendeur, mais elle est la conséquence des différentes obligations dont il est tenu envers l'acheteur, obligation de livrer et obligation de ne pas commettre de dol. Si le vendeur est propriétaire et que la chose soit une *res nec mancipi*, et en faisant tradition, il se conformera à la première obligation, celle de *tradere* ; s'il s'agit d'une *res mancipi*, la tradition sera insuffisante ; il devra pour éviter toute accusation de dol, la manciper ou la céder *in jure* ; car on ne pourrait expliquer le but du vendeur qui voudrait retenir le *nudum dominium* que par une intention dolosive. Ces règles sont formulées dans plusieurs textes très-catégoriques. Paul (Sent. I. 13 A.§ (4 s'exprime ainsi : *Si id quod emptum est, neque tradatur, neque mancipetur, venditor cogi potest ut tradat àut mancipet*. D'un autre texte, (L. 80, § 3, De Contrats. empt. XVIII, 1) il ressort que si les parties convenaient que la propriété ne serait pas transférée, il n'y aurait pas là un contrat de vente. Qu'est-ce à dire sinon que le transfert de la propriété est bien le but final, sinon immédiat, de la vente.

Ce caractère de la vente romaine, engendrant des obligations seules, a une base très juridique. Comme le fait remarquer M. Accarias. (Pr. de Droit romain. T. II. n° 490. a). « Les obligations, d'après la définition « même, ne naissent que de faits propres à établir entre « deux personnes déterminées un état de choses que la « nature n'a pas établi d'une manière générale entre « tous les hommes. Mais une modification dans les re-« lations de deux personnes ne saurait à elle seule en-« traîner modification dans les relations entre les per-« sonnes et les choses » [1].

Il y a en outre à ce caractère de la vente une explication historique. A l'origine, les transmissions de propriétés étaient des faits peu fréquents, et les droits de chacun se trouvaient nettement établis, dans une société restreinte et fermée comme l'était la Société ro-

---

[1] Voir aussi Appleton, *Action publicienne*, n° 111.

maine des premiers siècles. Peu à peu, les *negotia* devenant plus nombreux, la preuve du droit de chacun devint moins certaine, aucun système de publicité efficace n'ayant été imaginé alors pour subvenir aux nécessités créées par un état de choses aussi complexe. Il parut rigoureux, dans ces conditions, d'exiger du vendeur une justification de son droit de propriété que le plus souvent, il eût été dans l'impossibilité de fournir. A défaut du titre l'acheteur dut se contenter des avantages attachés au titre, et on put lui faire ce raisonnement : « Vous avez de la propriété tout le profit, vous en jouissez avec des pouvoirs, aussi étendus que si vous étiez réellement propriétaire, que vous importe le titre ?

Craignez-vous un trouble d'ailleurs ? Le recours qui vous est donné contre votre vendeur doit vous rassurer. » Dans un cas il est vrai, l'acheteur pourra se trouver dans une situation précaire : s'aperçoit-il du défaut de droit chez son vendeur et en conçoit-il une juste crainte d'être évincé par le véritable propriétaire ? Si le vendeur a été de bonne foi, l'acheteur ne pourra se plaindre qu'après avoir été inquiété. C'est là le seul côté faible de cette théorie de la vente romaine, mais il s'explique par la situation digne d'intérêt du vendeur. Sa bonne foi devait être prise en considération.

CHAPITRE II

Notre principe subit une double exception :

1° Dans le cas de vente d'une chose volée ;

2° Dans le cas de vente de la chose dont l'acheteur était déjà propriétaire.

SECTION I

VENTE D'UNE CHOSE VOLÉE

Cette première exception ne fut introduite qu'en vue d'entraver le vol en rendant l'utilisation des choses volées plus difficile.

D'après l'opinion générale qui finit par prévaloir, le furtum ne pouvait avoir pour objet que des choses mobilières, notre exception doit donc se limiter d'elle-même à cette seule catégorie de biens.

Un texte très concis de Paul, la loi 34 § 3, D. XVIII. I.

envisage les différentes hypothèses qui peuvent se présenter :

1° Le vendeur et l'acheteur sont-ils de mauvaise foi, tous deux connaissent-ils le caractère vicieux de la chose ? La vente est nulle de part et d'autre.

2° L'acheteur seul est-il de mauvaise foi ? Le vendeur ne pourra être tenu de l'obligation de livrer, mais l'acheteur est obligé et à la discrétion du vendeur, lequel pourra, en livrant la chose, exiger le paiement du prix.

3° L'acheteur seul est de bonne foi. *Utrinque obligatio contrahitur*, nous dit le texte ; le contrat est parfait à l'égard des deux parties.

4° L'acheteur et le vendeur sont de bonne foi; cette hypothèse n'est pas prévue par Paul, mais il faut conclure par *a fortiori* de l'hypothèse précédente, que la vente est valable. Cependant cette dernière solution peut causer préjudice au vendeur, qui se verra condamner à des dommages intérêts s'il ne peut arriver à exécuter son obligation. Il est vrai ; mais il est ici en faute et il doit seul en supporter les conséquences funestes, l'acheteur au contraire n'ayant rien à se reprocher.

Nous pouvons maintenant résumer d'un mot notre exception : la vente de la chose volée est nulle lorsque l'acheteur a connu le vice dont elle se trouvait entachée. Mais si le vendeur est de bonne foi, il tiendra dans ses mains le sort du contrat.

SECTION II

VENTE DE LA CHOSE DONT L'ACHETEUR ÉTAIT DÉJA PROPRIETAIRE

La nullité d'une pareille vente se conçoit bien facilement, car elle n'ajouterait rien aux droits de l'acheteur, *quod meum est meum amplius esse nequit..* La nullité de la vente est ici absolue; *Suæ rei emptio non valet, sive sciens sive ignorans emi* (L. 16 pr. de contrah. empt. XVIII. I.). La conséquence première est que si l'acheteur qui a ignoré l'origine de la chose a payé son prix il aura contre le vendeur la *condictio indebiti* pour se le faire restituer, car ce prix se trouve sans cause entre les mains du vendeur. C'est ce qu'indique la suite de notre texte : *sed si ignorans emi, quod solvero repetere potero, quia nulla obligatio fuit.*

Que si, malgré la connaissance qu'il avait de son droit de propriété, l'acheteur a passé outre au paiement, il n'aura aucun recours, car on doit présumer qu'il n'a pu agir ainsi que dans un but de libéralité. Mais on peut supposer que l'acheteur n'avait sur la chose, objet de la vente, qu'un droit de propriété incomplet.

L'acheteur, par exemple, était bien propriétaire, mais le vendeur avait la possession de sa chose. Dans le cas où l'intention des parties s'est portée sur l'acquisition

de cette possession, nul doute que la vente ne soit valable. (L. 34. § 4. De Contr. empt. XVIII. I. — L. 28. De
adquir. vel amitt. possess. XLI. 2).

D'autres cas sont prévus par la Constitution 4. C. IV.
38. et par la loi 61. D. XVIII. 1, qui ne sont que des
applications du même principe. Ici l'acheteur n'a qu'un
droit de propriété annulable ou résoluble.

La loi 29. De act. empt. XIX, I, prévoit le cas où
l'acheteur se trouve légataire de la chose sous condition,
dans l'ignorance du legs, il a acheté la chose de l'héritier.

La condition vient-elle à défaillir, la vente produira
tous ses effets. Se réalise-t-elle, la chose se trouve acquise au légataire à un titre autre que celui d'acheteur.
On verra dans ce fait une sorte d'éviction subie par
l'acheteur et c'est ce qui explique pourquoi, dans notre
fragment, Julien lui accorde l'action ex empto, au lieu
de lui donner l'action ex testamento, attachée à sa qualité de légataire.

CHAPITRE III

EFFETS DE LA VENTE DE LA CHOSE D'AUTRUI

A la suite du contrat intervenu entre le vendeur et l'acheteur, trois intérêts distincts vont se trouver en jeu : ce sont ceux du vendeur, de l'acheteur et du propriétaire dont la chose a fait l'objet du contrat.

Nous aurons donc à étudier quelle situation sera faite, après le contrat intervenu, d'abord aux parties et, en second lieu, au propriétaire.

SECTION I

DES EFFETS DE LA VENTE A L'ÉGARD DES PARTIES

Avant de supposer l'exécution du contrat accomplie, il paraît utile de voir quel sera le résultat produit par la perte de la chose. C'est là une question de risques, mais qui ici revêt un caractère particulier, en raison du fait que la chose n'appartient pas au vendeur. Si la chose périt fortuitement, le vendeur, lors même que la chose serait toujours entre les mains du tiers propriétaire se trouve ainsi libéré : mais il n'aura rien à débourser pour se procurer la chose et la livrer au vendeur qui cependant devra payer son prix. C'est là une solution peu équitable, car le vendeur fait un gain purement gratuit.

Dans le cas où la chose au lieu de périr, avait été mise hors de commerce par le tiers propriétaire, le vendeur se trouverait encore ici libéré, pourvu toutefois qu'il ne fut pas en demeure. Cette solution bien que rigoureuse pour l'acheteur, est toutefois plus admissible que la précédente, car le vendeur n'a rien à se reprocher (L. 92 pr. de solut. XLVI. 3. — L. 91, § 1, de verborum oblig. XLV, I).

Si nous supposons maintenant la tradition accomplie, nous allons nous demander, en passant en revue les différentes obligations qui naissent du contrat de vente, quelle influence elles vont avoir sur les rapports du vendeur et de l'acheteur, dans ce cas particulier que c'est la chose d'autrui qui a été l'objet du contrat.

Paul dans la loi 1, pr. *de rerum permut.* XIX, 4, nous indique quelles sont les obligations qui sont à la charge du vendeur : venditori sufficit ob evictionem se obligare, possessionem tradere, purgari dolo malo.

Bien que ce texte ne nous donne qu'une énumération incomplète des obligations du vendeur, — il passe en effet sous silence la garantie due à l'acheteur à raison de certains vices dont la chose pouvait être affectée, — cependant nous n'insisterons pas sur cette lacune, ce côté de la garantie restant étranger à notre sujet.

Rectifions seulement le langage du jurisconsulte en ce qui concerne la promesse imposée au vendeur de garantir l'acheteur de toute éviction. Cette promesse, le vendeur il est vrai, ne pouvait la refuser, mais lors même qu'elle n'avait pas eu lieu, l'acheteur pouvait recourir contre le vendeur pour obtenir la réparation du préjudice qui leur était causé par l'éviction. (L. 11, §§ 1 et s. D. de act. empti, XIX, 1).

§ I. — De l'obligation de livrer.

Le vendeur doit livrer la vacua possessio, c'est-à-dire la possession avec tous les droits qu'elle confère et notamment le droit aux interdits. Ainsi entendue la possession permettra à l'acheteur d'agir comme si la propriété même lui avait été transmise. Et en effet les avantages qui vont en résulter à son profit, s'il est de bonne foi, sont considérables :

1° Vis-à-vis du propriétaire de la chose qui voudrait la revendiquer, il sera dans un état de supériorité incontestable, car dans l'instance il jouera le rôle de défendeur. Si donc le propriétaire ne peut parvenir à établir son droit de propriété, l'acheteur sera maintenu en possession ; le défaut de moyens de preuve existant au profit du propriétaire aura seul fait sa force.

2° La possession de l'acheteur est protégée par les interdits.

Vient-il à être troublé? Par l'interdit utrubi et l'interdit uti possidetis, exercés le premier lorsqu'il s'agit d'un meuble, le second, lorsqu'il s'agit d'un immeuble, — il pourra faire cesser le trouble et conserver la possession.

A-t-il perdu la possession d'un immeuble par un fait de violence, il pourra la recouvrer par l'interdit unde vi.

3° L'acheteur fait les fruits siens. C'est là une dérogation importante au principe que les fruits de la chose appartiennent au propriétaire ; mais cette solution était commandée par l'équité. Le possesseur se croyant maître d'en disposer, les aura consommés ou **en aura** dissipé la valeur ; lui en demander compte serait le plus souvent lui causer un grave préjudice qu'il n'a pas pu prévoir.

Comment acquiert-il ces fruits ? Une distinction d'époque est nécessaire. Avant Justinien, les fruits sont acquis dès qu'ils sont séparés de la chose qui les produits. Sous Justinien le droit aux fruits se trouve restreint à ceux qui sont consommés. (Inst. de divis. rerum § 35.

4° La possession de l'acheteur le place in causa usucapiendi, c'est-à-dire que persévérant pendant un laps de temps assez bref, — un an pour les meubles, deux pas pour les immeubles, — elle conduira à l'acquisition de la propriété. C'est là de tous les avantages que la loi accorde à l'acheteur possesseur, le plus important, celui qui vient consolider ce qu'il y aurait de trop fragile dans l'obligation de livrer imposée au vendeur romain. Outre le laps de temps indiqué plus haut, deux conditions sont exigées pour usucaper : une justa causa et la bonne foi. Quant à cette dernière condition, elle revêt dans notre matière un caractère particulièrement rigoureux. En règle générale, la bonne foi de celui qui usucape, n'est exigée qu'au moment même de l'entrée en possession ; dans la vente, la bonne foi doit avoir existé tant au moment du contrat qu'au moment de la tradition (L. 2. pr. Pro empt. L. XLI, 6. — L. 7. § 17 De publ. VI. 2). — L. 48 De usurp. et usuc. XLI. 3). Cette exigence, diversement justifiée par les interprètes, se comprend difficilement lorsqu'on prend garde qu'en cas de stipulation de la chose d'autrui, la bonne foi n'est recommandée qu'au moment de la tradition, (L. 15, § 3. De usurp. et usuc. XLI, 3.). Mais la rigueur de la règle ne va pas plus loin. Si postérieurement à la tradition l'acheteur a connaissance des droits du propriétaire, il n'en continuera pas moins à usucaper. Mala fides superveniens usucapionem non impedit (L. 15, § 2, et L. 43. De usurp. et usuc. XLI. 3.) Certaines catégories de biens se trouvaient soustraits à l'usucapion ; citons les biens du fisc, les res mancipi de la femme en tutelle, les prædia rustica vel suburbana appartenant à un pupille ou à une personne en curatelle et, depuis Théodose le Jeune, tous les biens des pupilles. (L. 3, C. De præscr. trig. vel quadr. ann. VII, 37.)

Un autre obstacle, pouvait accidentellement empêcher l'usucapion de s'accomplir ; il était relatif aux meubles volés, et aux immeubles occupés par violence. La chose, objet du vol et de la violence, se trouvait atteinte d'un vice qui la rendait impropre à l'usucapion. Evidemment cette prohibition ne pouvait viser l'auteur du vol ou de la violence ; à leur égard, un autre obstacle, s'opposait à ce qu'ils pussent usucaper, mais notre règle s'appliquait à ceux qui avaient reçu directement ou indirectement la chose volée ou occupée par violence.

5° L'acheteur qui a perdu la possession, peut la recouvrer en intentant l'action publicienne. Jure civili, le possesseur n'était armé d'aucun moyen lui permettant de recouvrer sa chose. Quant à la rei vindicatio, il n'y pouvait songer puisque le temps requis pour usucaper n'était pas accompli. Le préteur Publicius imagina alors cette action qui devait donner pleine sécurité au possesseur.

Si toutes les autres conditions nécessaires pour usucaper se trouvent remplies, le temps qui reste à parcourir pour arriver à l'usucapion, est considéré comme acquis, et à l'aide de notre action le possesseur triomphe aussi sûrement que s'il intentait la rei vindicatio. Cela est si bien le point de vue du préteur, que, sauf les modifications qui sont commandées par la fiction sur laquelle repose la Publicienne, toutes les autres règles de la rei vindicatio devront être observées ici. *In publiciana actione omnia eadem erunt quæ et in rei vindicatione diximus*. (L. 7. § 8. De publ. VI, 2).

Ainsi secouru, le possesseur in causa usucapiendi, parviendra-t-il toujours à recouvrer la possession ? Non. Si en principe l'action peut être intentée contre tout possesseur, il ne s'en suit pas qu'elle doive toujours triompher. Si l'acheteur se trouve en présence d'un défendeur qui ne soit pas in causa usucapiendi, pas de doute, son triomphe est assuré. Mais, si le défendeur ui-même se trouve in causa usucapiendi, le succès sera divers.

Vis-à-vis d'un possesseur qui a la chose in bonis, l'acheteur verra sa demande repoussée, le propriétaire lui-même de la chose, ne pourrait l'enlever à ce possesseur.

Si le défendeur est in causa usucapiendi à titre de possesseur de bonne foi, et qu'il ne tienne pas la chose du même auteur que l'acheteur, alors leurs droits sont égaux, on donnera la préférence au possesseur actuel : In pari causa, melior est causa possidentis. Si au contraire l'un et l'autre tiennent la chose d'un même auteur, celui-là est préféré qui a le premier reçu la tradition. (L. 9. § 4. De pub. VI. 2.).

2

Tels sont les droits accordés au vendeur qui a reçu tradition.

Leur énergie suffit pour dissiper les craintes qui pourraient s'élever dans l'esprit de l'acheteur obligé de se contenter de la vacua possessio. Nous avons dit plus haut que s'il n'était pas propriétaire, il exerçait du moins tous les avantages dont peut jouir le propriétaire. Mais c'est surtout, ici, pour l'acheteur de la chose d'autrui, que ces avantages deviennent appréciables.

Il n'est pas inexact de dire que ses intérêts ont été trop exclusivement sauvegardés au détriment de ceux du propriétaire. La brièveté du délai exigée pour l'usucapion va, dans bien des cas et sans qu'il ait de faute à se reprocher, causer à ce dernier un préjudice irréparable, en le dépouillant de son bien. A ce point de vue la loi romaine mérite quelque critique.

§ II. — De l'obligation de ne pas commettre de dol.

Cette obligation, va, dans une de ses conséquences, compléter l'obligation de livrer. Si, en effet, de cette dernière résulte bien le droit pour l'acheteur d'exiger la tradition, lorsque la chose vendue est res nec mancipi, il n'apparaît pas à première vue que, lorsque la chose se trouve être une res mancipi, le vendeur doive recourir à un des modes, — mancipatio ou in jure cessio,

— ayant la puissance de transférer le dominium. Mais notre seconde obligation va lever toute incertitude. Le vendeur qui a le dominium, ne peut avoir aucun motif plausible de garder par divers lui le nudum jus quiritium. Comme nous l'avons déjà fait remarquer, il ne peut être guidé que par sa mauvaise foi. Outre le le texte de Paul déjà cité (Sentent. I, XIII. A. § 4), un texte de Gaïus (IV, § 131, a) ne nous semble pas moins formel, et si on a voulu expliquer la décision de ce jurisconsulte en supposant qu'il raisonne dans un cas où il y aurait eu adjonction d'un pacte mettant à la charge du vendeur l'obligation de transférer la propriété, c'est là une affirmation gratuite que rien dans le texte ne peut faire supposer.

L'acheteur, dès qu'il a été mis en possession, ne peut rien exiger de plus. Vient-il à s'apercevoir que la chose qui lui a été livrée n'appartenait pas au vendeur et a-t-il de justes motifs de craindre la revendication du propriétaire ? il ne pourra en principe recourir contre son auteur. C'est là la grande particularité pratique du système romain, en quoi il diffère, quant aux résultats, du système établi par le Code Civil dans notre matière. Le recours ne peut avoir lieu que lorsqu'il y a eu éviction ou tout au moins lorsqu'il y a eu procès engagé. Mais ce principe ne s'applique que lorsque le vendeur est de bonne foi. Dans le cas contraire, l'obligation où il est de ne pas commettre de dol le rendrait immédiatement

passible du recours de l'acheteur. Cela est dit en terme
exprès dans un texte d'Africain, (L. 30 § 1, De act.
empt. XIX, 1). « Si sciens alienam rem ignoranti mihi
vendideris, etiam priusquam evincatur, utiliter me ex
empto acturum putavit in id quanti mea intersit meam
esse factam : quamvis enim alioquin verum sit, vendi-
torem hactenus teneri ut rem emptori habere liceat, non
etiam ut ejus faciat quia tamen dolum malum abesse
prœstare debeat, teneri eum qui sciens non suam ignoranti vendidit. »

Cette obligation du vendeur, — purgari dolo malo, —
était si essentielle au contrat de vente que, lors même que
par des conventions particulières, le vendeur se serait
fait exonérer de cette obligation en stipulant une clause
de non-garantie, s'il était démontré qu'en agissant ainsi
il était de mauvaise foi, le recours de l'acheteur contre
lui n'en existerait pas moins.

Nous examinerons plus loin deux hypothèses dans
lesquelles l'acheteur pouvait, en s'appuyant sur l'obligation de bonne foi, repousser par une exception de dol,
ou rei venditæ et traditæ, suivant les circonstances
l'action en revendication du vendeur devenu ayant cause
du tiers propriétaire, ou inversement l'action de ce
dernier devenu héritier du vendeur et comme tel tenu
de toutes ses obligations.

§ III. — Des obligations diverses du vendeur lorsque l'acheteur est évincé.

Lorsque l'acheteur est évincé il peut recourir en garantie contre le vendeur.

Il a dans ce but l'action ex empto.

Mais cette obligation de garantie n'est pas de l'essence de la vente. La volonté des parties peut en limiter les effets par une stipulation formelle. Elle peut même l'exclure complètement par une clause de non garantie. D'un autre côté l'acheteur peut stipuler, pour le cas où l'éviction se produirait, une somme fixe, ordinairement le double du prix. On écartait ainsi toute difficulté d'interprétation sur le plus ou moins d'étendue du préjudice subi par l'acheteur. L'action ex stipulatu servait alors de sanction à cette obligation. Nous étudierons donc 1º l'obligation de garantie telle qu'elle nait du contrat de vente, 2º les modifications que la convention des parties peut lui faire subir, 3° les droits de l'acheteur lorsque l'éviction a fait l'objet d'une stipulation expresse.

A. — De l'obligation de garantie telle qu'elle résulte du contrat de vente

L'éviction étant le fait qui donne ouverture au recours en garantie, il importe tout d'abord d'en déterminer les caractères. D'après les idées romaines, il en prenant le mot dans une acception large, il y a éviction toutes les fois que l'acheteur est mis dans l'impossibilité de se servir de la chose comme maître, par suite d'une sentence judiciaire le déclarant sans droit sur la chose ou qu'il ne la conserve qu'en vertu d'un nouveau titre. L'acheteur pourra alors recourir contre son auteur par l'action ex empto.

Les conditions mises à l'exercice de cette action sont les suivantes :

1° Il faut que l'éviction provienne du défaut de droit chez le vendeur. Est-elle le résultat d'une erreur ou bien d'une injustice du juge, il n'y a aucune raison pour rejeter sur le vendeur la responsabilité d'un fait qui lui est étranger (L. 51 pr., De evict. LL. 8 et 15, De evict. XXI, 2. — Frag. Vat. § 10).

2° L'intérêt du recours doit toujours exister au moment de l'éviction. Si la chose a péri par suite d'un cas fortuit, avant tout trouble, l'acheteur n'aura aucun recours. (L. 21, pr. De evict. XXI. 2). Ici l'acheteur supporte un préjudice, mais qui n'est pas le fait du vendeur, mais du hasard : sed factum humanæ sortis, nous dit le jurisconsulte Paul, dans la loi 21 que nous venons de citer.

Une autre application de notre règle se présente dans le cas où le vendeur a accepté le mandat de défendre au procès. S'il succombe et paye la litis æstimatio, pourquoi l'acheteur viendrait-il l'inquiéter, puisqu'il garde la chose (L. 21 § 2, XXI. 2.).

3° Enfin il faut que l'acheteur soit exempt de faute.

Lorsque l'acheteur. au moment où il a reçu tradition, savait que la chose n'appartenait pas au vendeur, il a commis une faute dont il doit subir les conséquences ; il ne saurait rendre personne responsable de la situation périlleuse qu'il a acceptée. Sans aucun doute il ne pourra par l'action ex empto obtenir des dommages. intérêts basés sur le préjudice que lui fait subir l'éviction. Mais la question se pose de savoir si du moins il pourra obtenir la restitution du prix versé. Le dissentiment qui s'est produit à ce sujet, provient de l'ambiguïté de la loi 27, C. VIII, 45 : Si fundum sciens alienum vel obligatum comparavit Athenocles, ne que quicquam de evictione convenit ; quod eo nomine dedit, contra juris poscit rationem. D'après les partisans de la restitution du prix, parmi lesquels notamment Cujas et Pothier, le membre de phrase — quod eo nomine dedit, — se rapporterait à quicquam de evictione convenit. Ceux au contraire, qui refusent tout recours à l'acheteur pensent que le quod eo nomine dedit se rapporte à : si fundum comparavit. Ces deux interprétations sont il est vrai, admissibles. Cependant la seconde opinion qui refuse tout recours à l'acheteur ne semble-t-elle pas préférable, si l'on considère le peu d'intérêt qu'inspire ici la situation de l'acheteur ; il a compté avec le sisque de l'éviction, pourquoi le protéger lorsque lui-même pouvait sauvegarder ses droits et ne l'a pas fait. On objecte il est vrai une disposition de la loi 1, C. VIII, 30, qui accorde à l'acheteur le droit à la restitution de son prix ; mais le cas prévu par le texte est différent. Il s'agit d'un créancier gagiste qui a vendu à vil prix le gage de son débiteur, de concert avec l'acheteur. Celui-ci sera passible de l'action de dolo, qui le forcera à restituer la chose, mais il pourra obtenir le remboursement du prix qu'il a versé. Mais nous sommes ici dehors de notre hypothèse ; l'acheteur était devenu propriétaire, et ce n'est pas une éviction qu'il subit ; c'est une in integrum restitutio propter dolum.

Un autre texte reconnait cependant à l'acheteur le droit de répéter son prix : c'est la loi 3 § 4. C. VI. 43.

Un héritier a vendu une chose grevée d'un legs conditionnel ; la condition venant à s'accomplir, la vente sera considérée comme non avenue, et l'acheteur, malgré sa mauvaise foi, obtiendra la restitution de son prix. Mais c'est là une solution tout à fait exceptionnelle et insuffisante pour servir d'appui à une règle aussi importante que celle qui accorderait à l'acheteur de mauvaise foi le droit de recouvrer le prix qu'il a payé.

Le vendeur est aussi en faute, lorsque, poursuivi par le tiers propriétaire, il néglige d'appeler en cause son vendeur. Il doit litem denuntiare, auctorem laudare, disent les textes. Cette litis denuntiatio est-elle toujours nécessaire pour sauvegarder les droits de l'acheteur ? Lorsque l'acheteur se trouvait exposé à une éviction certaine et que le vendeur ne peut indiquer un moyen de défense qui eut pu être invoqué avec succès, il semble peu équitable, bien que ce point ait été contesté, de faire grief à l'acheteur d'un acte de sagesse qui l'a soustrait à des frais inutiles.

De même l'acheteur pourra conserver son recours, lorsque par son absence, ou en se dérobant, le vendeur a empêché la litis denuntiatio.

Cette obligation, de défendre l'acheteur, de lui fournir son auctoritas, est indivisible. Lorsqu'il y a plusieurs vendeurs, ou lorsque le vendeur a laissé plusieurs héritiers, la litis denuntiatio devra être faite à tous, et la sentence qui interviendra sera obligatoire même vis-à-vis de ceux qui se seraient désintéressés du procès. La condamnation seule sera divisible et chacun d'eux ne pourra être tenu d'indemniser l'acheteur que pour sa part. (L. 62. § 1. De evict. XXI. 3. — L. 85. § 5. De verb. oblig. XLV. 1.).

Aucun délai de rigueur n'est imposé à l'acheteur pour faire la dénonciation ; il suffit qu'elle intervienne avant le jugement et assez à temps pour permettre au vendeur de faire valoir ses droits. (L. 29 § 2. XXI. 2).

La litis denuntiatio n'a pas pour effet de substituer

dans l'instance le vendeur à l'acheteur, ni même de le rendre partie au procès à côté de l'acheteur. Ce dernier reste seul en cause et supporte seul le poids de la dépense. Sa vigilance devra être sans faiblesse, car toute négligence de sa part lui deviendra préjudiciable. Il doit opposer non seulement les moyens de défense provenant de son chef, mais ceux du chef du vendeur. Pouvait-il usucaper et a-t-il négligé de le faire ? a-t-il perdu la possession par sa faute, et sa situation de demandeur a-t-elle été la seule cause du succès de l'adversaire tout recours lui sera refusé.

L'acheteur devra agir en garantie contre son auteur immédiat : si nous le supposons sous-acquéreur, il ne pourra, faisant abstraction de son recours contre son vendeur, agir directement contre l'auteur de celui-ci, à moins toutefois qu'il n'ait obtenu une cession d'actions. Le recours qui appartient à l'acheteur lui-même passe à son successeur à titre universel. En est-il de même lorsqu'il s'agit d'un ayant cause à titre particulier de l'acheteur ? Une distinction est ici nécessaire entre les acquisitions à titre onéreux et les acquisitions à titre gratuit.

1° Acquisition à titre onéreux. Pas de difficulté ; le recours existera au profit du sous-acquéreur contre son auteur immédiat, sauf le cas particulier de cession d'actions, où il pourra comme nous venons de le voir, recourir contre le premier vendeur.

2° Acquisitions à titre gratuit. Le donataire qui a subi l'éviction, aura-t-il un recours? A l'égard du donateur la question ne se pose pas : le donateur ne saurait être tenu à garantie (L. 2, C. de evict. VIII. 45.) sauf bien entendu, le cas de mauvaise foi qui donnerait naissance contre lui à l'action de dolo, action réparatrice du préjudice causé. (L. 18 § 3. De donat. XXXIX. 5). Mais le donataire pourra-t-il du moins agir contre l'auteur de celui-ci? S'il y a eu cession expresse faite par le donateur au donataire, nous dirons comme pour le sous-acquéreur à titre onéreux, que le recours pourra avoir lieu.

Ceux qui pensent, et parmi eux notamment Pothier, que le donataire ne peut agir en garantie, reconnaissent du moins que l'action en garantie a pu lui être cédée avec efficacité. Mais quid, lorsque cette cession n'est pas intervenue. Ne peut-on pas alors la considérer comme sous-entendue? Nous l'admettrons facilement si nous songeons que le donateur, lui-même tenu d'être de bonne foi, n'a pu que se dessaisir d'une action qu'il n'a pas d'intérêt à retenir à son profit.

L'acheteur donateur pourra-t-il lui-même agir contre son auteur? Pothier répond négativement. Il ne le peut, parce qu'il n'a pas d'intérêt. Cependant nous trouvons un texte qui vient contrarier l'opinion du célèbre jurisconsulte. La loi 71, De evict. XXI, 2. suppose que l'immeuble qui a été donné en dot par un père à sa fille, a été revendiqué par un tiers. La question se pose de savoir si le père pourra agir en garantie. Paul répond affirmativement et ajoute : Quod magis affectio inducit. Un intérêt d'affection semble donc suffisant pour motiver le recours. Cette solution a le mérite de faire retomber sur celui qui doit en toute justice les supporter, les conséquences de l'éviction.

La solution précédente devrait être admise au cas de legs de la chose fait par le de cujus acheteur. Autrement le bénéfice du legs serait recueilli non par le légataire mais par le vendeur, ce que certainement le de cujus n'a pas voulu.

Dans le droit de Justinien, les différentes difficultés que nous venons d'examiner n'existent plus. La condition du donataire ou du légataire évincé devient plus simple et l'interprétation admise plus haut se trouve formellement consacrée : La cession des actions sera toujours considérée comme sous entendue lorsqu'elle n'aura pas été faite expressément et le donataire ou le légataire pourra agir directement contre le premier auteur par l'action empti utilis.

L'acheteur évincé ayant agi contre son vendeur par l'action empti, quelle sera l'indemnité à laquelle il pourra prétendre ?

Il pourra réclamer au vendeur la réparation intégrale du préjudice que lui cause l'éviction. Quanti tuæ interest rem evictam non esse, non quantum pretii nomine dedisti, nous dit la loi 23, C. VIII, 45. Les éléments de ce préjudice sont: 1° d'abord la valeur de la chose : pour l'apprécier, il faut se placer au moment même de l'éviction 2° les impenses faites par l'acheteur et dont il n'aura pu obtenir le remboursement du vendeur : ce dernier en effet, n'aura à tenir compte, en reprenant la chose, que des impenses nécessaires, (L 45 § 1, D. XIX. I) pour le paiement desquelles il se verra opposer l'exception de dol; 3° la valeur des fruits qu'il a dû rendre au propriétaire ; 4° les dépenses du procès que l'acheteur a eu à soutenir contre le propriétaire.

Cependant il ne faut pas pousser notre règle à l'extrême. Lorsque la chose aura pris une plus value considérable, qu'il n'a pas été possible aux parties de prévoir, il y a là comme un don de fortune dont le vendeur ne saurait être rendu responsable. (L. 43 in fine. De act. empt. XIX. I).

La chose, au lieu d'augmenter a pu subir une diminution de valeur de telle sorte que les dommages-intérêts fixés d'après les données ci-dessus, pourront ne pas atteindre le montant du prix déboursé par l'acheteur. En pareil cas, l'acheteur devra-t-il s'en contenter ? On a soutenu que c'était là une satisfaction insuffisante, et que l'acheteur devrait toujours obtenir au moins le remboursement du prix versé.

Cette théorie a été défendue par Pothier[1], qui s'appuie

---

[1] Traité de la vente n°s 69 et 118

d'abord sur la nature du contrat synallagmatique dans
lequel l'exécution de l'engagement pris par chacune des
parties est considéré comme la condition de l'engagement de l'autre. Le paiement fait par l'acheteur se
trouve, dans notre hypothèse, avoir été fait sans cause
le prix pourra être répété par la condictio causa data,
causa non secuta. Mais ce raisonnement, très juridique
lorsqu'il s'agit des contrats innommés, se heurte à la
théorie romaine en matière de contrats consensuels,
dans lesquels chacune des obligations, une fois née,
conserve une existence indépendante.

Plusieurs textes sont contraires à l'opinion de
Pothier, qui a cherché à les interpréter de manière à en
tirer des arguments en sa faveur. Prenons tout d'abord
la loi 70, XXI, 2 : Evicta re, ex empto actio non pretium
duntaxat recipiendum, sed ad id quod interest, competit :
ergo et si minor esse cœpit, damnum emptoris erit.
D'après Pothier, le membre de phrase, si minor esse
cœpit se rapporterait non au prix mais à, id quod interest, élément susceptible de plus ou de moins. La
lecture de ce texte suffit pour se convaincre de l'inexactitude de cette interprétation. Ergo et si minor esse cœpit, ce membre de phrase se rapporte évidemment au
prix de vente; c'est là l'interprétation naturelle du texte
tandis qu'il faut faire quelque effort pour arriver à la
solution fournie par Pothier.

La loi 43 in fine, XIX, 1, ne saurait davantage servir

d'argument. Il s'agit du cas, déjà indiqué, où la chose est
un esclave dont la valeur s'est accrue considérablement,
et le jurisconsulte conclut ainsi : non enim pretium con-
tinet tantum, sed omne quod interest emptoris servum
non evinci. La question est donc toute différente. Il ne
s'agit pas de savoir si l'acheteur doit obtenir le prix, —
dans tous les cas, cette hypothèse n'est pas prévue, —
mais de savoir si l'acheteur aura droit, en outre du prix,
à une indemnité basée sur la plus-value acquise par la
chose.

D'autres textes ne sont pas moins décisifs. Citons
notamment la loi 23. C. VIII. 45. LL. 8, 15 et 60, De
evict. XXI. 2.

La théorie de Pothier, déjà combattue par Domat[1] est
aujourd'hui abandonnée. Elle pouvait être très favorable pour l'acheteur, qui, se trouve privé des augmenta-
tions de valeur qui pourraient survenir dans la suite :
mais elle n'était pas en harmonie avec les idées romaines, dont les déductions rigoureuses heurtaient
quelquefois l'équité.

Lorsque l'éviction ne se produit que partiellement
le mode de fixation de l'indemnité variera suivant qu'il
sera question d'une éviction partielle pro indiviso ou
d'une éviction partielle pro diviso. Dans le premier cas,
le montant de l'indemnité se règle par le rapport de la

---

[1] Domat. Lois civiles. L. I. t. II. sect. X. no 14.

partie évincée au tout. Dans le second, la partie évincée est seule estimée, indépendamment du reste. (L. 1, D. de evict. XIX, II).

B. — *De l'obligation de garantie modifiée par la volonté des parties.*

Nous avons examiné les effets de la garantie tels qu'ils résultent naturellement du contrat de vente. Ces effets peuvent être modifiés par la convention des parties, qui va ou les restreindre ou les aggraver. 1° La restriction peut se trouver sous entendue. Elle peut avoir été l'objet d'une stipulation expresse. Dans ce dernier cas, elle peut se concevoir de plusieurs manières. Le vendeur, par exemple, a limité les dommages-intérêts à une certaine somme, ou bien il ne s'oblige à garantir que l'eviction provenant de son fait ou de celui de ses héritiers. Il a pu de même exclure la garantie, pour un cas déterminé d'eviction. (L. 69. § 5 ; — 39 § 5 ; — 46 § 2 et 3. De evict. XXI. 2). Enfin il peut stipuler qu'il ne devra aucune garantie.

Voyons rapidement chacune de ces diverses hypothèses.

La restriction à l'obligation de garantie est considérée comme sous-entendue lorsque l'acheteur se trouve être de mauvaise foi au moment où il reçoit la tradition. Comme nous l'avons remarqué lorsque nous avons parlé de la mauvaise foi de l'acheteur, il a voulu acheter à ses risques et périls ; il n'est pas digne de protection.

Pas de dificultés lorsque la garantie a été restreinte soit à certaines personnes, soit à certains cas spécifiés.

Lorsque le vendeur stipule la clause de non-garantie. cette clause doit produire son effet, à une condition cependant : c'est qu'il soit de bonne foi. En cas contraire, il serait responsable de son dol envers l'acheteur. (L. 6. § 9. — L. 11. § 15, L. 11, § 18 in fine et L. 45. De act. empt. XIX. I.

Cette clause de non-garantie stipulée de bonne foi met le vendeur à l'abri de tout recours en dommages-intérêts, mais il devra rendre le prix. C'est du moins la solution qui paraît bien résulter de la loi 11, § 18. De act. empt. XIX, I.

Quelques auteurs cependant veulent voir dans la fin du texte, en raisonnant par a contrario un motif pour refuser à l'acheteur la restitution du prix. Mais il semble plus facile d'admettre que la distinction du texte entre la bonne et la mauvaise foi ne vise que la question de savoir si le prix seul doit être remboursé, ou s'il doit être accompagné de dommages-intérêts.

G. — Du recours de l'acheteur, lorsque l'éviction a fait l'objet d'une stipulation expresse[1].

Il résultait d'une stipulation par laquelle l'acheteur se faisait promettre une somme fixe, ordinairement le

---

[1] Voir les articles publiés par M. Girard dans la *Nouv. Revue historique*, 1882, p. 180 ; 1883, p. 537 ; 1884, p. 395.

double du prix, s'il venait à être évincé. On soustrayait ainsi à l'appréciation du juge, toujours sujette à des variations, la fixation de l'indemnité. Cette promesse du double s'appliquait surtout aux meubles de valeur, et aux immeubles. Bientôt elle devint d'un usage si fréquent, du moins dans certaines provinces et à l'égard des choses de valeur, qu'on la tint pour obligatoire ; et lors même qu'elle avait été passée sous silence par les parties, elle fut considérée comme sous-entendue, et en dernier lieu, l'action ex empto a cette puissance particulière de pouvoir, même en l'absence de toute stipulation faire obtenir de l'acheteur évincé le paiement du double (L. 37. princip. et § 1 ; L. 2. De evict., XXI, 2.)

L'action ex stipulatu se trouve ici soumise aux mêmes conditions que l'action ex empto, telles qu'elles ont été énumérées plus haut. Ces conditions se rattachent en effet au fond même du contrat. Mais d'autres conditions spéciales sont imposées à l'exercice de l'action ex stipulatu ; elles se rattachent surtout au caractère stricti juris de cette action.

1° Il faut qu'il y ait eu éviction stricto sensu, c'est-à-dire une dépossession par autorité du juge. L'action qui a provoqué la dépossession peut-être une action in rem. ou un judicium liberale. (L. 25. C. de evict.) Mais dans le cas où l'acheteur succomberait sur un interdit, il serait sans droit à l'exercice de notre action ; il ne pourrait que recourir à l'action ex empto.

Cette règle nous donne à conclure que si l'acheteur, pour éviter les frais d'un procès contre le revendiquant dont le droit lui paraît indiscutable, s'est laissé déposséder, il ne pourra agir par l'action ex stipulatu.

Si nous supposons que postérieurement à la vente la propriété de la chose me soit acquise du chef du propriétaire, comme, par ce fait, toute possibilité d'éviction se trouve écartée, l'action ex stipulatu ne pourra être intentée. Mais l'acheteur peut exercer notre action lors même que n'ayant pas exécuté l'ordre de restituer la chose, il se sera laissé condamner. Car il y a eu réellement dépossession, et si la chose reste en ses mains, c'est à un autre titre. (L. 21 § 2, De evict. XXI. 2).

Dans le cas où l'acheteur a succombé dans l'instance où il jouait le rôle de demandeur, pour qu'il puisse agir ex stipulatu contre son vendeur, il faut qu'il n'ait aucun autre moyen à sa disposition pour reprendre la chose. Si par exemple, il pouvait se servir de la publicienne, et qu'il ne l'ait pas fait, il ne pourra se dire évincé et se verra privé du bénéfice de l'action ex stipulatu. (L. 39. § 1. De evict).

2° L'action ex stipulatu ne saurait être admise lorsque l'éviction a porté seulement sur les accessoires ou sur les produits de la chose. (L. 8. 42 et 43, D. De evict. XXI, 2), de même si elle n'a eu lieu que partiellement (L. 56, § 2, De evict). Le vendeur en effet a promis du plum pretii si res evicta fuerit. Or peut-on dire qu'il y a eu éviction de la chose, si une partie seulement en a été enlevée à l'acheteur. La rigueur des termes employés ne se prête pas à une interprétation extensive.

Pour que l'éviction partielle puisse donner lieu à un recours par l'action ex stipulatu, il faut qu'elle ait été expressément prévue dans la formule. On objecte à cette solution la loi 64, D., XXI, 2; mais il est facile de supposer que le jurisconsulte se place précisément dans l'hypothèse où une clause spéciale touchant l'éviction partielle, est intervenue.

Les termes de la loi 56, § 2 que nous avons citée, sont trop affirmatifs pour laisser place à aucun doute.

Le montant de la condamnation qui sera obtenue par l'action ex stipulatu est facile à déterminer lorsqu'il s'agit d'une éviction portant sur la totalité de la chose. C'est celui qui est fixé dans la stipulation, habituellement le double du prix de vente.

Si nous supposons une éviction partielle, une distinction est nécessaire. Est-ce une part divise qui a été enlevée à l'acheteur, on évaluer a sa valeur, non pas en soi, mais comparativement à la valeur chose entière.

Est-ce une part indivise: on établit la proportion entre la part évincée et le tout : cette part est elle de la moitié, ou du quart de la chose, c'est la moitié ou le quart du prix, qu'on élèvera au double.

L'étude successive des actions ex empto et ex stipulatu duplæ et de leur condition d'exercice nous permet maintenant de résumer les différences qui les séparent.

1° L'action ex empto est de bonne foi, l'action ex stipulatu est le droit strict.

2° La première étant incerta, la condamnation se trouve soumise à l'appréciation du juge : dans la deuxième, quel que soit le dommage éprouvé, l'acheteur n'a droit qu'à la somme stipulée.

3° Lors même qu'elle fut réputée sous-entendue, l'action ex stipulatu n'eut pas le caractère de généralité de l'action ex empto.

4. Il faut qu'il y ait eu dépossession par autorité du juge, pour qu'il y ait lieu à l'action ex stipulatu ; toute éviction interprétée dans un sens large, pouvait au contraire donner passage à l'action ex empto.

5°. Pas d'action ex stipulatu en cas d'éviction soit partielle, soit relative aux accessoires.

Ces deux actions ne s'excluent pas l'une l'autre. L'acheteur qui, après avoir exercé l'action ex stipulatu duplæ, reconnaîtra que l'exercice de l'action ex empto peut lui procurer un avantage plus considérable pourra mettre en mouvement cette dernière, et obtenir ainsi le même résultat que s'il l'eut exercée en premier lieu.

La même solution doit être donnée si c'est l'action ex empto qui a été intentée la première.

La stipulatio duplæ n'est en effet qu'un cas particulier de la stipulatio pœnæ. Or celle-ci, lorsqu'elle garantit les obligations qui dérivent d'un contrat de bonne foi, ne s'impose pas au créancier qui peut opter entre le principal ou la peine, et, s'il se trouve avoir exercé la moins avantageuse des deux actions, recourir à l'autre pour le surplus. (L. 28. De contrahenda. emptione XIX. I.).

SECTION II

DES EFFETS DE LA VENTE A L'ÉGARD DU PROPRIÉTAIRE.

La vente de la chose d'autrui, nous l'avons dit. est un fait sans influence sur les droits du propriétaire. C'est pour lui res inter alios acta. Mais, si les droits du propriétaire ne peuvent être atteints par le contrat, il n'en est plus de même lorsque le vendeur a exécuté son obligation de livrer. L'énumération que nous avons donnée des avantages que l'acheteur retire de sa situation de possesseur de bonne foi, — droit aux interdits, rôle de défendeur dans l'instance, usucapion, et acquisition de fruits, prouve surabondamment combien la position du propriétaire va devenir précaire. Pour peu qu'il reste dans l'inaction, il se verra dépourvu de tout recours et privé de sa chose.

N'exagérons rien. S'il est diligent, le propriétaire ne se trouve pas désarmé et peut presque toujours recouvrer sa chose.

Il faut mettre à part toute une catégorie de choses mobilières : les choses volées.

Pour recouvrer la chose qui lui a été soustraite, le propriétaire peut être investi de trois actions : la rei vindicatio, l'action ad exhibendum et la condictio furtiva.

Cette dernière action lui sera donnée contre le voleur ou ses héritiers. Mais le voleur n'est pas seulement celui qui a soustrait la chose d'autrui ; c'est aussi celui qui la vend et en fait tradition, connaissant le vice qu'elle renferme. Sciens servum alienum contra domini volontatem venumdans, furtum committit (L L. 1 et 7, C. De usuc. pro. emp. VII, 26). Cette action sera donc bien utile au propriétaire contre les vendeurs, comme nous le verrons dans un instant. Vis-à-vis de l'acheteur, son action en revendication triomphera presque toujours, car la chose volée n'est pas susceptible d'usucapion.

Pour les immeubles, le propriétaire pourra **agir en** revendication tant que l'usucapion ne sera pas accomplie. Il pourra même, s'il y trouve avantage, dans le cas par exemple, où il éprouverait quelque difficulté à établir son droit de propriété, agir par la Publicienne. Bien que ce ne soit pas là son mode normal d'application, il n'y aurait aucun empêchement d'employer ici cette action.

Le propriétaire qui n'a pu recouvrer sa chose, **pourra,** en second lieu, se retourner du côté du vendeur. Celui-ci a-t-il vendu de mauvaise foi ? il est soumis à la condictio furtiva. Le propriétaire, privé de sa chose, aura l'avantage d'obtenir une condamnation basée sur la plus-value maxima de cette chose entre le moment où elle a été volée et la litis contestatio (Loi 8. § 1, — Loi 13, De cond. furt. XIII, 1), et cela, lors même que la chose aurait péri par cas fortuit, car le voleur est toujours in mora.

Dans l'hypothèse où le vendeur est de bonne foi, le recours aura lieu contre lui dans la mesure où il se trouvera enrichi.

Un légataire a vendu la chose qui lui avait été léguée, alors qu'il ignorait l'existence d'un codicille postérieur qui avait révoqué la première disposition. Il devra restituer le prix, si la perte de la chose en a empêché la revendication. (L. 23, D. De reb. cred., XII, I).

Si le vendeur a acquis la chose à titre onéreux, comme la valeur qui entre dans son patrimoine, n'est que l'équivalent de celle qui en est sortie, il paraît difficile de faire retomber sur lui le préjudice éprouvé par le propriétaire. Tout au plus pourrait-on lui demander compte du gain qu'il a fait en revendant la chose à un prix supérieur. Il devra rendre la différence qui créerait pour lui un bénéfice au détriment du propriétaire.

Cette solution a été contestée. On s'est appuyé pour le critiquer sur le p. 43, De nég. gest. III. 5. Mais ce texte n'a pas de rapport avec notre question. L'esclave que j'ai acheté, détenait une chose qu'il avait volée au vendeur. Cette chose ayant péri, le texte reconnaît que le vendeur pourra m'en demander la valeur par une action utile de gestion d'affaire.

Ce qui n'est certainement pas notre hypothèse. L'objet trouvé dans les mains de l'esclave, n'avait certainement pas fait l'objet de la vente.

Quelques cas particuliers sont à signaler, dans lesquels le propriétaire, bien qu'étant demeuré étranger à l'acte, pourra néanmoins être tenu d'en subir les conséquences.

Lorsque le tuteur a vendu un bien appartenant a son pupille, une action empti utilis est accordée contre ce dernier (L. 4 § 1. XXI. 2).

De même une action de peculio est donnée contre le paterfamilias, relativement aux biens composant le pécule que le fils de famille ou l'esclave aurait aliénés.

L'héritier apparent qui dispose d'un bien composant le patrimoine du défunt ne pourra être inquiété par l'héritier véritable que dans la mesure de l'enrichissement qu'il aurait fait à l'occasion de l'hérédité, pourvu toutefois qu'il n'y ait contre lui aucun reproche de mauvaise foi. Il en résultait que, si l'héritier apparent avait vendu un bien faisant partie de l'hérédité, toute action en revendication contre l'acheteur devait être rejetée toutes les fois qu'elle eût donné lieu à un recours contre l'héritier apparent (L. 25 § 17, De hered. petit. V, 3.) [1].

[1] Il en serait différemment si l'héritier apparent avait disposé de l'hérédité toute entière ou d'une faible part de l'hérédité, (Dig. L, 13, § 4, De hered. petit. V, 3.)

Enfin le fisc pouvait aliéner seul, sans le concours de ses co-propriétaires, le bien sur lequel il n'avait qu'un droit indivis. Les co-propriétaire devaient se contenter de recevoir la partie du prix afférente à leur part, sans pouvoir critiquer la vente.

Le propriétaire étant maître absolu de son droit d'agir, peut y renoncer. Il peut le faire soit à la suite d'une intervention du vendeur qui veut se mettre à couvert contre le recours de l'acheteur, soit dans un but de libéralité. Quelle sera l'influence de cette ratification sur la vente ?

Dans le droit civil, cette adhésion ne changeait en rien les effets du contrat; cependant elle n'était pas dépourvue d'effet. Le vendeur était considéré comme le mandataire du verus dominus et comme tel obligé de céder à l'acheteur son action ex empto, et au propriétaire, son action ex vendito.

En droit prétorien, grâce aux actions du contrat, données utiliter, le propriétaire et l'acheteur peuvent agir directement l'un contre l'autre. Si nous supposons la tradition accomplie, la ratification du propriétaire donne naissance à l'animus transferendi dominii qui en s'ajoutant au corpus, fera produire à la tradition son effet translatif de propriété.

CHAPITRE IV.

Du cas particulier ou le vendeur succède au propriétaire, ou réciproquement.

Postérieurement à la vente le vendeur peut acquérir la propriété de la chose vendue.

Cela peut se produire de différentes manières, soit qu'il soit intervenu un acte à titre onéreux translatif de propriété, soit que le vendeur devienne légataire ou héritier du tiers propriétaire.

Si la tradition n'a pas encore eu lieu, la solution devient très simple, car le vendeur pourra désormais exécuter son obligation envers l'acheteur. Nous rentrons dans l'hypothèse normale où le vendeur était pleinement propriétaire lors de la formation du contrat.

Si la propriété n'a été acquise au vendeur que postérieurement à la tradition par lui faite, les effets de cette acquisition sont différents suivant les époques du droit.

Dans le droit civil, cette acquisition ultérieure de la propriété par le vendeur est sans influence sur la tradition. L'acte doit réunir au moment ou il s'accomplit toutes les conditions exigées ; si quelqu'une fait défaut l'acte est vicié ab initio, et ne saurait désormais acquérir avec efficacité l'élément qui manquait à sa perfection. Bien certainement, si le vendeur prétendait vouloir évincer l'acheteur, l'obligation de garantie dont il est tenu suffirait à l'en empêcher, car cette obligation de garantir l'acheteur renferme implicitement celle de ne pas l'évincer soi-même. Il serait repoussé par une exception de dol.

Le préteur vint par-là au secours de l'acheteur. Celui-ci va pouvoir repousser l'action du vendeur propriétaire par l'exception rei venditæ et traditæ. Le vendeur se rouve-il en possession de la chose, il sera poursuivi par la Publicienne et, s'il oppose l'exception justi dominii, elle sera paralysée par la réplique rei venditæ et traditæ. C'est ce qui résulte de la loi 1, pr., De except. rei vend. et trad. XXI, 31. et de la loi 73, De rei vind. VI, I, et ce n'est là que la mise en valeur des droits qui naissent du contrat lui-même .

Mais le préteur n'est-il pas allé plus loin, et ne peut-on pas considérer l'acheteur comme propriétaire dès l'instant où le vendeur l'est devenu ? Cette manière de voir n'est, il est vrai, exprimée formellement nulle part, mais elle parait bien résulter implicitement de la solution admise par plusieurs textes.

On pourrait peut-être l'induire déjà des deux fragments d'Ulpien, que nous venons de citer. Mais ces textes ne sont pas décisifs. Comme le fait remarquer M. Labbé dans une étude très approfondie sur cette matière[1] : « Ces « textes ne prouvent pas invinciblement que l'acheteur « ait acquis la propriété du jour où le vendeur est de- « venu propriétaire, car les solutions émises regardant « les rapports des parties contractantes entre elles, se « justifieraient également bien par les obligations qui « découlent du contrat de vente. » Mais d'autres textes sont cités par l'éminent professeur dans lesquels la solution donnée ne peut s'expliquer que par ce motif : que la propriété aussitôt acquise au vendeur est passée à l'acheteur. Pomponius, dans la loi 2, De except. rei vend. et trad., XXI. 3, nous dit que dans le cas où le vendeur succède au propriétaire de la chose après qu'il l'a ven- due et livrée, s'il revend et livre cette même chose à un second acheteur, celui-ci ne pourra s'en prévaloir à l'encontre du premier acheteur qui invoquera la Publi- cienne pour rentrer en possession et, dans le cas où l'exception justi dominii lui serait opposée, invoquer avec succès la réplique rei venditæ et traditæ. Comment expliquer ce résultat ? Ce ne peut-être assurément par l'obligation de garantie qui dérive du contrat de vente. Le second acheteur n'étant qu'un ayant-cause à titre particulier et, comme tel, non soumis aux obligations

---

[1] Revue pratique, T. 40, p. 147. De l'effet de l'aliénation con- sentie par un non propriétaire.

son auteur. Reste donc l'explication basée sur notre principe : que la propriété est passée sur la tête de l'acheteur, aussitôt qu'elle a été acquise par le vendeur.

Un texte d'Hermogénien. (L. 3 § 1, De except. rei vend. et trad. XXI, 3) n'est pas moins formel : Pari ratione venditoris etiam successoribus nocebit (exceptio rei venditæ et traditæ) sive in universum jus, sive in eam duntaxat rem successerint.

C'est notre solution traduite en règle générale.

Enfin Ulpien (L. 4 § 32, De except. dol. mal., XLIV., 4) est plus explicite encore : Si a Titio fundum emeris qui Sempronii erat isque tibi traditus fuerit pretio soluto, deinde Titius Sempronio heres extiterit et eumdem fundum Mœvio vendiderit et tradiderit : Julianus ait, æquius esse prœtorem te tueri ; quia et si ipse Titius fundum a te peteret exceptione in factum comparata vel doli mali summovetur : et, si ipse eum possideret et Publiciana peteres, adversne excipientem, si non suus esset, replicatione utereris : ac per hoc intelligeret eum fundum rursum vendidisse quem in bonis non haberet. Ce dernier membre de phrase est décisif.

Sous Justinien l'effet produit est beaucoup plus direct. L'acheteur jusqu'alors arrivait à avoir l'équivalent de la propriété en usant d'exceptions et de répliques. Ici la propriété lui est transmise directement et il a à sa disposition la rei vendicatio contre le vendeur ou ses ayants-cause.

Jusqu'ici nous nous sommes placé dans l'hypothèse où le vendeur acquérait la propriété ex causa nova. La solution serait la même si, devenu propriétaire ex causa antiqua, la propriété, comme cela arrivera le plus souvent, lui est acquise sans effet rétroactif.

Mais il peut se faire que la propriété soit acquise avec effet rétroactif. Le cas le plus fréquent est celui où le légataire ayant répudié le legs qui lui avait été fait, l'héritier se trouvait avoir disposé de la chose objet du legs. En pareil cas, il sera considéré comme ayant été propriétaire avant la renonciation du légataire. Nous rentrons alors dans le cas où la propriété a passé à l'acheteur avant la tradition.

La propriété au lieu de passer au vendeur, a été transmise au fidéjusseur. Celui-ci ne peut certainement pas agir en revendication contre l'acheteur. Mais son obligation peut avoir plus ou moins d'étendue. Au lieu de promettre simplement le double du prix, il a pu prendre part à l'obligation du vendeur de præstare rem emptori habere licere.

Quel va être l'effet de cette obligation. Sera-t-il assez puissant pour transmettre la propriété à l'acheteur aussitôt qu'elle aura été acquise au fidéjusseur, comme nous l'avons vu au cas du vendeur devenu propriétaire ?

M. Labbé le pense, mais il ne laisse pas d'être sans quelque inquiétude sur la hardiesse de son opinion. Voici les termes de l'argument très-serré sur lequel il

s'appuie : « Ne doit-on pas considérer le fidéjusseur
« comme ne faisant qu'un avec le débiteur principal à
« l'égard du créancier pour l'exécution de l'obligation
« de prœstare emptori rem habere licere. S'il en est ainsi
« la tradition faite par le vendeur est un acte commun
« à tous ceux qui doivent principalement ou accessoi-
« rement procurer la chose à l'acheteur. Cette tradition
« doit avoir la puissance de désinvestir, non pas seule-
« ment le vendeur qui l'exécute, mais encore le
« fidéjusseur qui est ou sera propriétaire. Toutes ces
« personnes se sont identifiées pour l'exécution de la
« vente et pour la sûreté de l'acheteur.

La conséquence capitale de cette solution serait que
le fidéjusseur devenu propriétaire ne pourrait disposer
de la chose au profit des tiers. Mais, quelque solide
que soient les raisons présentées par M. Labbé dans
son argumentation, il nous paraît difficile d'aller jusque-
là. Nous avons vu avec quelle précaution et par quels
moyen détournés de procédure, le préteur était arrivé
à donner à l'acheteur, non pas la propriété que le vendeur venait d'acquérir, mais tout l'équivalent.

C'était là déjà une innovation très audacieuse, qu'il
eût été difficile d'étendre au fidéjusseur, dont les obligations si étendues quelles soient, sont moins énergiques
que celle du débiteur principal.

2. C'est le propriétaire qui succède au vendeur.

Que vont donc être alors ses rapports avec l'ache-

teur? Ulpien, dans la loi 1, § 1, De except. rei
vend. et trad. XXI, 3, nous donne la même réponse
que pour le cas où le vendeur acquiert du propriétaire :
Sed et si dominus fundi heres venditori existat, idem
erit dicendum. Cette hypothèse est cependant plus dé-
licate que la précédente, car si l'on peut dire que chez
le vendeur la volonté de transférer la propriété s'est
conservée jusqu'à ce que les conditions nécessaires à
son action efficace se fussent produites, c'est-à-dire
jusqu'au moment ou la propriété lui est acquise il n'en
est plus de même ici, la volonté de transférer la propriété ne saurait survivre au vendeur.

Cependant il est impossible de repousser le texte
formel que nous venons de citer et dont la solution se
trouve confirmée par un rescrit de l'empereur Gordien
qui est aussi décisif, la L. 14. C. De evict, VIII, 4).

Le propriétaire aura du reste dans le bénéfice d'inventaire — du moins lorsqu'il connaîtra la vente dont
sa chose a été l'objet — un adoucissement à la rigueur
de sa situation. Il conservera alors le droit d'évincer
l'acheteur, qui n'aura de recours que contre la succession.

Si c'est au fidéjusseur que le propriétaire succède,
il fait siennes les obligations de son auteur. La règle
quem de evictione tenet actio, eumdem agentem repel-
lit exceptio, lui sera opposable. Cependant un rescrit
des empreurs Dioclétien et Maximien (L. 31, C. De

eviction. VIII.) pouvait donner une solution toute opposée. On a cherché à faire disparaître cette contradiction
et plusieurs interprétations ont été données. La plus
vraisemblable, à notre avis, est celle qui attribuerait
au prédécesseur dans l'hypothèse prévue par la constitution une simple obligation au paiement du double
du prix, sans qu'il fût tenu de prœstare rem emptori
habere licere.

DES DROITS DE LA FEMME
EN CAS DE FAILLITE DU MARI

INTRODUCTION

La faillite d'un commerçant exerce une influence considérable sur la situation pécuniaire de sa femme. Elle
peut avoir, en effet, un double intérêt à intervenir dans
les opérations de la faillite :

1° Il est possible qu'elle ait à y intervenir en qualité
de *propriétaire*, pour les biens dont elle a gardé la
propriété et qui se trouvent entre les mains de son mari ;
à ce point de vue elle rentre dans la classe des revendi-
quants.

2° Elle peut y intervenir aussi en qualité de *créan-*

cière, et de créancière hypothécaire, pour ses reprises d'une façon générale, c'est-à-dire pour les sommes qui à des titres divers peuvent lui être dus.

Mais l'exercice de ces droits pourrait amener de graves scandales, car, grâce à la communauté d'intérêts qui les unit, les époux pourraient s'entendre pour frauder les droits des créanciers du failli au moyen de manœuvres aussi variées que faciles à réaliser tendant à augmenter les droits de la femme.

Ces abus s'étaient produits sous l'empire de l'ordonnance de 1673 ; ils avaient surtont atteint leur comble sous le Directoire et pendant les premières années de l'Empire.

De là un mouvement de réaction violente qui trouva sa manifestation dans le code de commerce de 1807 et dont Treilhard, dans son discours au corps législatif, a nettement indiqué les raisons : « Trop souvent, dit-il, un commerçant a reconnu en se mariant une forte dot qu'il ne touchait pas, soit qu'il voulût faire illusion par l'annonce d'un actif supposé, soit qu'il préparât de loin un moyen de soustraire un jour sa fortune à ses créanciers. Le mari faisait à sa femme des avantages proportionnés à une dot qu'il ne devait pas recevoir. Souvent aussi il acquérait sous le nom de sa femme des immeubles qu'il payait de ses propres deniers ou plutôt des deniers de ses créanciers. Enfin, par des séparations frauduleuses et des actes simulés, les meu-

bles, les bijoux, l'argenterie, tout passait dans la propriété de la femme et au moment d'une catastrophe
souvent méditée de longue main, la femme, avec sa
dot factice, ses avantages matrimoniaux, ses indemnités qu'elle n'avait pas payées et ses acquisitions pré-
tendues absorbait toute la fortune de son mari. Les
malheureux créanciers étaient condamnés à passer leurs
jours dans les privations et dans les larmes pendant que
la femme coulait des jours tranquilles dans la mollesse
et dans l'oisiveté [1]. »

Sous l'empire de ces considérations, tempérées, cependant, par le désir de respecter les droits de la femme, le
Code de commerce prit à son égard des mesures d'une
rigueur nécessaire.

C'est ainsi que parmi ses effets mobiliers la femme ne
pouvait, en sus des habits et linge à son usage, reprendre autre chose que ses bijoux, diamants et vaisselle
(art. 554), que l'ancien article 551 lui refusait le bénéfice de l'hypothèque légale pour les deniers et effets
mobiliers qui lui étaient advenus pendant le mariage,
même par succession, donation ou legs, et que cette
hypothèque, dans les cas où elle lui était accordée, était
restreinte aux immeubles possédés par le mari lors de
la célébration du mariage. Ni les immeubles qu'il re-

---

[1] Locré, *Législation civile et commerciale de la France* t. XIX,
pp. 562 et 563.

cueillait par succession, ni ceux qui lui advenaient par donation ou testament n'étaient affectés à la sûreté de la femme (ancien art. 551) et elle subissait ces restrictions dans les cas même où lors de son mariage elle n'avait pu les prévoir, l'ancien article 551 assimilant à la femme qui avait épousé un commerçant celle dont le mari était fils de négociant, quelle que fût plus tard l'époque à laquelle il l'était devenu lui-même.

Il y avait là un excès évident. Aussi lors de la réforme de la loi de 1838 se préoccupa-t-on de le faire disparaître.

Ecarter des faillites des productions frauduleuses en reprises d'apports fictifs ou non réalisés, mais en même temps assurer aux femmes des commerçants la protection qui leur est nécessaire ; ménager une transaction entre les principes dominant le contrat de mariage et ceux qui font des biens d'un débiteur le gage commun de ses créanciers, tels furent les principes qui dirigèrent les auteurs de la réforme de 1838. Toutefois dans l'application qu'ils en firent, ils ne purent se dégager complètement des préventions générales qui avaient inspiré les dispositions du Code de 1807 et leur travail en porte des traces encore trop nombreuses.

En outre, une institution à peine connue au commencement du siècle, celle des assurances sur la vie, a pris depuis quelques années un développement prodigieux. Elle a reçu une de ses applications les plus importantes par l'emploi auquel elle se prête de permettre à un mari de créer un capital au profit de sa femme si celle-ci lui survit. De là des questions nouvelles et fort délicates qui s'élèvent quand le mari, après avoir contracté une assurance dans ces conditions, vient à tomber en **faillite**.

Nous aurons donc à étudier ces questions après nous être livré à l'examen et à la critique des art. 557 à 564 du code de commerce qui posent d'une manière générale les règles concernant les droits de la femme dans la faillite de son mari.

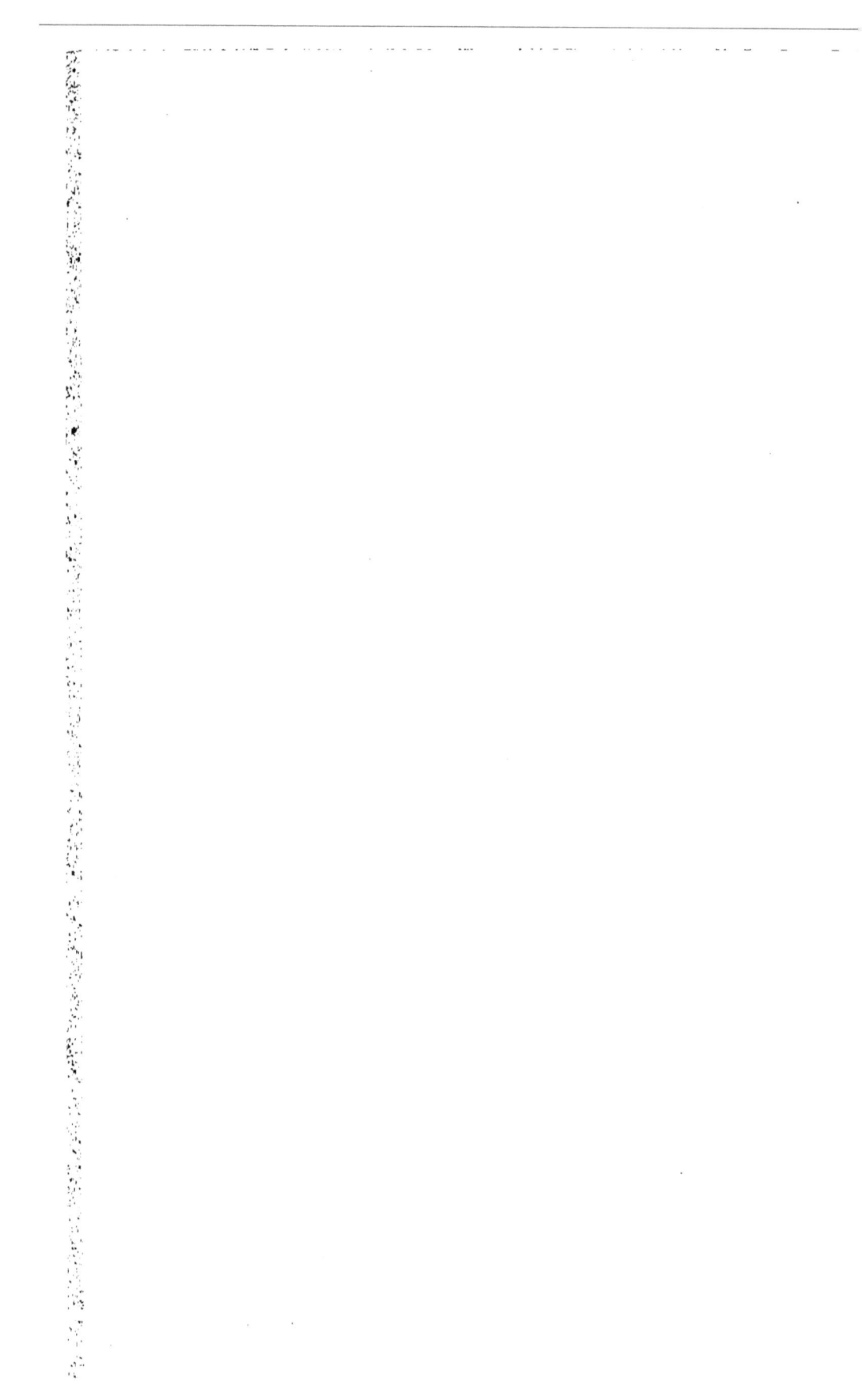

CHAPITRE I.

1° La première condition, c'est qu'il y ait faillite [1]. Et nous nous trouvons tout d'abord en présence d'une question importante et controversée : Quand y a-t-il faillite ?

Cet état si complexe, entraînant des conséquences si graves pour les intérêts des différentes personnes qu'il met en jeu, est-il un état de fait existant par cela seul qu'il y a cessation de paiements ou bien n'a-t-il d'existence légale, et n'est-il susceptible de produire des effets légaux que par le jugement déclaratif ?

Parmi les effets que produit la faillite, il en est quelques uns qui ne peuvent être que le résultat du jugement déclaratif, tels que le dessaisissement, l'arrêt du cours des intérêts, l'exigibilité des dettes.

---

[1] Depuis la loi du 4 mars 1889, ces articles s'appliquent à la liquidation judiciaire, mais ce côté de la question est étranger à notre sujet.

Pour ceux-ci on se trouve en présence d'un texte et personne ne songe à le contester.

Mais ne faut-il pas aller plus loin, et décider que dans tous les cas, les effets juridiques énumérés au titre III du code de commerce ne se réaliseront que s'il y a jugement prononcé ?

Notons dès maintenant que la jurisprudence s'est établie depuis longtemps de façon constante : ce qui constitue la faillite est l'état de cessation de paiements. Une des conséquences les plus importantes de ce système est que le tribunal civil pourra constater l'état de cessation de paiement et appliquer les règles qui gouvernent la faillite. (Cass. 13 nov. 1838. S. 1839.1.121. — Metz, 9 déc. 1865. S. 66.2.280. Aubry et Rau, III, § 264 ter.)·

Nous ne saurions partager cette opinion. Que la faillite se trouve constituée par ce fait : la cessation des paiements nous le reconnaissons. Mais qu'il y ait là une force juridique capable de produire des effets légaux, qu'en un mot il faille admettre une faillite virtuelle, nous nous refusons à l'admettre. On invoque l'art. 437 : Tout commerçant qui cesse ses paiements est en état de faillite. Placée en tête de la matière compliquée des faillites, cette définition a pour but seulement de déterminer d'un mot le signe caractérisque de l'état de faillite. Mais quel est le fait qui le consacrera légalement ? Le code de commerce nous l'indique un peu plus loin dans l'art. 440 : La faillite est déclarée par jugement du tribunal de commerce rendu, soit à la requête d'un ou de plusieurs créanciers, soit d'office. On ne peut séparer ces deux textes l'un de l'autre : L'art. 440 indiquant l'acte qui doit constituer juridiquement la faillite ; l'art. 437 le fait auquel les juges devront avoir égard pour déterminer leur décision.

Après cela il nous paraît inutile d'invoquer, en faveur de la théorie que nous combattons, la plénitude de juridiction des tribunaux civils. Nous ne nions pas cette prérogative, mais il faut en déterminer la portée exacte. Elle doit s'entendre en ce sens que les tribunaux civils sont juges de toutes les matières qui n'ont pas été expressément réservées à un autre tribunal, ce qui n'est pas certainement notre cas. Tout ce qui concerne la faillite, a été réglé minutieusemen tau code de commerce, et c'est en terme exprès, que la loi prévoit la compétence du tribunal de commerce. L'art. 440 le dit et l'art. 635 le répète. Les tribunaux de commerce connaîtront de tout ce qui concerne la faillite.

Faut-il tenir compte d'une autre objection fondée sur ce principe : que le juge de l'action est juge de l'exception. Ainsi présenté dans son laconisme, le principe aboutit à une inexactitude. En le complétant, nous répondrons par cela même à l'objection. Il est vrai, le le juge de l'action est juge de l'exception, mais à la condition que le juge de l'action ne soit pas incompétent d'une manière absolue à l'égard de l'exception.

L'opinion de la jurisprudence n'est pas seulement en contradiction avec les textes, elle s'écarte de l'esprit du législateur. Dans notre matière il a été préoccupé surtout de ce but : faire à tous les créanciers une situation égale. La constatation de l'état de faillite par un tribunal civil ne va-t-elle pas à l'encontre de ce but, en avantageant quelqu'un des créanciers au détriment des autres.

C'est là, dit-on, une conséquence de l'art. 1351, C. C.

Il s'agit de savoir si le législateur n'a pas voulu éviter les effets de cette disposition en notre matière où ils auraient été particulièrement désastreux. Pour en être convaincu, il suffit de se reporter à quelques articles de notre titre : l'art. 516, donnant au concordat force obligatoire même à l'égard de ceux qui n'y ont pas pris part, et les art. 580 et 581, fixant irrévocablement après le délai d'opposition la date de la cessation du paiement à l'égard de tous les créanciers. (Boistel. C. de droit comm. 4. 809. — Lyon-Caen et Renault, Précis de droit comm. n° 2547 et sq. — Demangeat. Revue pratique, XVI. — Rataud, Revue critique, 1867, page 11).

Le tribunal de commerce étant seul compétant pour faire la déclaration de faillite, nous refuserons, — et par ce côté nous rentrons dans notre sujet, — nous refuserons à un créancier du mari le droit d'invoquer contre la femme devant un tribunal civil le nullités des art.

557-563, et spécialement, car c'est surtout pour cette hypothèse que la question se pose, les restrictions de l'art. 563, relatives à l'hypothèque légale. (Lyon-Caen, et Renault, Pr. de dr. com. n. 2648. Mais la faillite une fois déclarée les restrictions de nos articles pourront être invoquées par tout créancier qui y aura intérêt, par les créanciers hypothécaires comme par les créanciers chirographaires. Cette solution nous semble dictée par les termes des art. 557 et sq. qui ne distinguent pas entre les différentes catégorie de créanciers.

On invoque en sens contraire les art. 446 et 447, dont les termes ont été dictés par l'intérêt exclusif de la masse. Mais les motifs de ces dispositions sont différents. La loi a voulu éviter de rompre l'égalité qu'elle tend à établir entre les créanciers. Le motif de nos articles et notamment de l'art. 563 est tout autre, ils ont pour but de neutraliser les effets des collusions pouvant se produire entre époux et qui pourraient atteindre aussi bien les créanciers hypothécaire que les créanciers chirographaires.

2⁰ La femme pour exercer ses droits dans la faillite, doit demander la séparation de biens. Les art. 1188 C. C. et 444 du C. Com. semblent de prime abord, dans leur généralité, écarter cette exigence. Mais il n'y a pas là une raison suffisante pour déroger à la règle que la femme ne peut faire liquider ses reprises qu'après la dissolution du mariage ou la séparation de biens. Pour que les créances de la femme contre la communauté ou contre le mari administrateur de ses biens puissent être réalisées, il faut que cette administration ait été enlevée au mari et cela ne peut avoir lieu que par suite de la dissolution de la communauté ou d'une séparation de biens.

Sans doute, il est de principe que la faillite rend exigibles toutes les dettes passives du·mari quoique non échues (C. C. art 1188 et C. Com. art. 444). Mais les dettes du mari envers la femme, celles notamment relatives à la dot qu'il a reçue et aux reprises, constituent des dettes d'une nature particulière qui ne deviennent exigibles qu'après la dissolution ou la séparation de biens, parce que le mari reste, nonobstant la faillite, chef de la communauté et administrateur des biens de la femme, et que celle-ci, comme nous venons de le faire remarquer, n'a de compte à lui demander que lorsqu'il a perdu ces fonctions. (V. Massé. Droit comm. T. II, n° 1330).

Le droit de demander la séparation de bien est personnel à la femme. Les créanciers de celle-ci ne peuvent l'exercer pour elle. Mais l'art. 1446, C. C. leur accorde le droit d'intervenir dans le réglement de la faillite jusqu'à concurrence du montant de leurs créances. Est-ce-à-dire qu'ils ne devront produire à la faillite que pour le montant de leur propre créance?

Non. Cette manière de procéder ne pourrait le plus souvent, leur donner que satisfaction incomplète. Ils produiront à la faillite pour le montant des reprises de la femme, et c'est sur les valeurs ainsi obtenues qu'ils auront à se payer de ce qui leur est dû, le reste fera retour à la masse.

Nul doute d'ailleurs qu'ils n'aient à subir les restrictions imposées par les art. 557—563. C. Com.; car ils ne font qu'exercer les droits de la femme dans les mêmes conditions où elle l'eût fait elle-même.

Contre qui devra-être intentée la demande en séparation de biens ? Il y a quelques raisons pour répondre que c'est le mari qui a qualité pour répondre à cette demande qui est surtout relative aux droits du mari comme chef. L'art. 443. du C. Com. qui donne au syndic seul, après le jugement déclaratif de faillite, la disposition des actions mobilières ou immobilières vient encore fortifier cette manière de voir, car notre action ne peut être rangée dans aucune de ces deux catégories. Mais, si l'on remarque que la demande en séparation de biens doit, si elle est admise, avoir un retentissement considérable sur le patrimoine du mari, que, si cette demande exerce une influence sur la capacité du mari, ce n'est là qu'une conséquence de second plan, il faut avec la jurisprudence décider que le syndic seul a qualité pour défendre à l'action. (Paris 13 mars 1879, S. 1880 et note de M. Lyon-Caen sous cet arrêt. Revue critique. 1881, p.

287. — Contra Ruben de Couder, Dict. de Dr. Com. Vᵒ
Faillite n° 199. — Massé, Dr. Comm. n° 1199.).

Mais il y aura intérêt à ce que le mari soit mis en
cause en vue des effets que le jugement pourra produire
à son égard.

Mais par cela même que nous nous trouvons en face
de principes restrictifs du droit commun il ne faut pas
en prolonger les conséquences rigoureuses au delà de la
situation en vue de laquelle ils ont été établis.

Tant que les créanciers de l'union n'auront pas été
complètement désintéressés, tant que les dividendes
fixés par le concordat n'auront pas été payés, la femme
pourra se voir opposer l'application de nos articles.

On objecterait en vain qu'en cas de concordat ou de
dissolution de l'union la masse n'existe plus. Dès la
déclaration de la faillite les restrictions aux droits de la
femme ont pris naissance, les créanciers ont pris en
considération ces restrictions lorsqu'ils se sont mis d'accord sur les termes du concordat, il y a là une situation
acquise à leur profit et sur laquelle la dissolution de la
masse ne peut exercer aucune influence.

L'art. 517 C. Com. corrobore cette manière de voir en
permettant à chacun des créanciers d'exercer les droits
de la masse.

Mais une fois que le failli, reprenant l'administration
de ses biens, aura donné pleine satisfaction à ses créanciers, en cas de concordat par le paiement du dividende,

en cas d'union par le paiement intégral des créanciers, la femme recouvrera la plénitude de ses droits.

M. Demangeat émet un avis contraire. (V. Demangeat sur Bravard, T. V, p. 567. et la note). Pour lui, la femme verrait ses droits restreints jusqu'à la réhabilitation de son mari. Jusque là, le mari lui-même et les créanciers postérieurs pourraient invoquer les restrictions de nos articles.

Il paraît difficile, cependant, d'admettre l'application de ces restrictions au profit des créanciers dont la loi n'a pas prévu l'existence et sur les droits desquels les effets de la faillite ne pouvaient s'étendre. Ce n'est que par la déclaration d'une nouvelle faillite que ces créanciers pourraient sauvegarder leurs droits.

Quant au mari, nous avons vu que nos articles sont édictés dans l'intérêt des créanciers, ils ne pourraient donc pas tourner à son avantage.

Le failli, dit-on, se trouve substitué aux droits de la masse; il doit donc, pour arriver à remplir sa promesse, invoquer tous les moyens que la loi a créés dans l'intérêt des créanciers. On objecte encore que le concordat n'a été voté qu'en vue de la situation avantageuse faite au mari par les restrictions apportées aux droits de la femme et que, si le failli ne peut remplir ses engagements, les créanciers demanderont la résolution du concordat. Ils auront intérêt alors à se retrouver en état d'union et feront renaître les restrictions contre la femme.

Mais il paraît inutile de confier au failli les intérêts des créanciers. Nous avons vu qu'après la dissolution de la masse, chaque créancier conservait le droit d'invoquer nos restrictions, tant qu'il n'a pas été désintéressé. Quant à rapprocher la situation du failli de celle du syndic d'union pour étendre au premier les prérogatives que la loi défère au second, c'est là, il nous semble, un point de vue inexact. Le failli rétabli à la tête de ses affaires reste maître de ses droits, il peut acquérir un patrimoine nouveau, et c'est seulement dans les limites de leurs créances, telles qu'elles ont été fixées par le concordat que les créanciers peuvent agir contre lui. Le syndic d'union a en mains les intérêts des créanciers et eux seuls profiteront des avantages qu'il retirera de l'exercice de leurs droits.

CHAPITRE II.

DROITS DE LA FEMME

Les droits dont la femme peut se prévaloir peuvent être de nature différente. Tantôt elle viendra reprendre les biens dont les dispositions de son contrat de mariage lui ont réservé la propriété, tantôt elle se présentera comme créancière, soit à raison des indemnités que son mari lui doit comme administrateur de ses biens, soit pour toute autre cause. Nous devons donc envisager les droits de la femme à ce double point de vue.

SECTION 1.

DES DROITS DE LA FEMME CONSIDÉRÉE COMME PROPRIÉTAIRE

Nous distinguerons la revendication des immeubles et la revendication des meubles.

§ I. — **Revendication des immeubles**.

Pour les immeubles dont la femme était propriétaire
lors du mariage, pas de difficultés : la femme reste sous
l'empire du droit commun. Elle reprendra en nature
les immeubles qui ne se trouveront pas mis en communauté (art. 557) et la preuve en sera administrée suivant
la règle du droit commun. (art. 1402, C. C.). Elle reprendra ainsi tous les immeubles dont elle avait la
propriété ou la possession au moment de son mariage.
Il faudrait décider, en présence des termes favorables
de l'art. 557 que son action en revendication pouvait s'exercer sur un immeuble à elle propre dont le prix aurait
été soldé avec les fonds de la communauté ou du mari,
sauf récompense bien entendu.

Les immeubles acquis à titre gratuit par la femme pendant le mariage, peuvent comme les immeubles dont
la femme était propriétaire lors du mariage, être repris
en nature en se conformant également pour la preuve
aux règles de droit commun.

Nous arrivons ainsi aux acquisitions à titre onéreux
lesquelles devaient, à raison des fraudes auxquelles elles
pouvaient donner lieu, attirer la vigilance du législateur
La règle générale se trouve consignée dans l'art. 559 :
sous quelque régime qu'ait été formé le contrat de mariage, hors le cas prévu par l'article précédent, la pré-

somption légale est que les biens acquis par la femme du
failli appartiennent à son mari, ont été payés de ses deniers et doivent être réunis à la masse de son actif, sauf
à la femme à fournir la preuve contraire.

De cette disposition, il résulte bien clairement que
le but du législateur a été non de dépouiller la femme
au profit de la masse, mais uniquement de protéger
celle-ci. Pour toutes les reprises que voudra faire la
femme, elle se trouvera en face d'une présomption
qu'elle devra faire tomber tout d'abord : jusqu'à preuve
contraire le bien qu'elle réclamera sera considéré
comme acquis avec l'argent du mari. Comment devra
se faire cette preuve ? Pour les immeubles acquis avec
des deniers provenant de succession ou de donation, le
texte de la loi est formel : une double condition est
imposée par l'art. 558; 1° déclaration d'emploi insérée au
contrat d'acquisition ; 2° nécessité d'un inventaire ou
autre acte authentique constatant l'origine des deniers.

Mais cet article renferme-t-il une prohibition d'un
caractère tout exceptionnel ou faut-il y voir une règle
générale dominant toute notre matière et tendant à interpréter l'art. 559 ?

Plusieurs auteurs (V. Bédarrides, Faillites, T. III.
n° 106. Demangeat sur Bravard t. V. p. 529.) admettent
cette dernière solution. Il y aurait inconséquence, di-
sent-ils, de la part du législateur, à vouloir protéger la
masse dans un cas déterminé et à la laisser sans dé-

fense dans les autres cas. Soit ; mais il vaut mieux
laisser ce reproche au législateur plutôt que d'exagérer
les précautions déjà exorbitantes qui pèsent sur la
femme du failli. Les termes de l'art. 559 réservent
d'une façon formelle et générale la preuve contraire
pour détruire la présomption établie contre elle. Cette
preuve est jugée insuffisante dans un cas particulier.
Lorsqu'il s'agit d'acquisition d'immeubles faites avec
des deniers provenant de successions ou de donations.

En dehors de ce cas la règle générale déposée dans
l'art. 559 reprendra son empire :

De là nous tirerons les conséquences suivantes :

1° Lorsque les deniers qui auront servi à l'acquisition d'un immeuble proviendront d'apports matrimoniaux, l'origine pourra en être établie conformément
aux règles de preuve du droit commun.

2° Il faudrait décider de même lorsqu'il s'agirait de
prouver la propriété d'un bien acquis en remploi du
prix d'un propre aliéné depuis le mariage.

3° Lorsque les deniers qui ont servi à l'acquisition
provenaient de la vente de meubles acquis par succession ou donation, nous écarterons les exigences de
l'art. 558, lequel ne statue que sur les acquisitions d'immeubles faites avec « les deniers provenant de succession ou de donation. »

Les exigences particulières à l'art. 557, étant limitées
au cas particulier qu'il prévoit nous devons nous de-

mander ici ce qu'il faut entendre par preuve du droit
commun, expression qui nous a servi à traduire celle
de « preuve contraire » indiquée par l'art. 559. Quelques
auteurs en effet, ont voulu en circonscrire la portée, et
proscrire dans tous les cas la preuve testimoniale.

Cette exigence ne saurait être admise. Que les juges
se montrent très réservés sur l'admission de la preuve
qui leur est fournie, nous y accédons très-volontiers,
mais ce n'est pas à dire que lorsque la nature même de
l'origine des deniers ne se prêtera pas à une preuve
écrite, il faille enlever à la femme le secours de la preuve
testimoniale.

Nous accorderons donc à la femme le droit de se servir
de ce genre de preuve lorsqu'il lui aura été impossible
de se procurer une preuve écrite, notamment lorsque les
deniers proviendront d'un don manuel, de sommes
provenant d'économies ou de bénéfices faits dans une in-
dustrie séparée.

Mais toutes les fois que la nature de l'acte comportera
une preuve écrite, elle devra être fournie et s'il s'agit
d'un acte sous-seing privé, il devra avoir date certaine,
en se conformant aux dispositions de l'art. 1328. C.C.

En tout ceci, il faut supposer à la femme le pouvoir
de faire ces différentes acquisitions, soit que son régime
matrimonial le lui permette implicitement, comme il
arrivera, par exemple, si elle est mariée sous le régime
de séparation de bien, soit qu'une clause spéciale y ait

été insérée à cet effet. Rien dans les termes de nos articles ne fait penser que le législateur ait ici dérogé aux
principes généraux, en accordant à la femme la faculté
de transformer, même en observant les prescriptions de
l'art. 558, un droit de créance en un droit de propriété.
(V. Lyon-Caen et Renault, Pr. de dr. comm. n° 3043).

La femme pourrait-elle, pour se soustraire aux exigences des art. 558 et 559, invoquer la reconnaissance
faite par les créanciers de la sincérité de ses prétentions.
L'affirmative se justifie en raison. Il est inutile de
maintenir un moyen de protection, lorsque ceux qui
en sont l'objet, en reconnaissent l'inutilité. De plus,
il s'agit là de présomptions qui, dans les deux cas, peuvent être combattues par l'aveu de la partie. L'art. 559
réservant la preuve contraire, ne saurait exclure l'aveu
lui-même ; quant à l'art. 558 il renferme une présomption juris et de jure devant laquelle il semble bien que
l'aveu des créanciers doive demeurer sans effet. C'est
ce que reconnaît la Chambre civile dans son arrêt du
22 novembre 1886. (Dalloz, 1887.1.115) : « Attendu que
cette présomption conserve son empire quoique les
créanciers n'allèguent en fait aucune fraude et reconnaissent même, comme dans l'espèce, la sincérité des
actes non authentiques produits ; qu'il s'agit ici, en
effet, d'une présomption juris et de jure qui lorsqu'elle
est invoquée ne peut être paralysée ni par la preuve
contraire ni par le défaut de contestation au sujet de la

sincérité des actes, ni même par la reconnaissance de cette sincérité. »

§ II. — Revendication des meubles.

La femme peut reprendre en nature les meubles qu'elle s'est constitués par contrat de mariage ou qui lui sont échus par donation ou succession, pourvu toutefois que les termes de son contrat de mariage le lui permettent. Mariée sous le régime de la communauté légale, elle pourra reprendre ceux qui lui ont été donnés sous la condition qu'ils ne tomberaient pas en communauté (art. 1401, 1°); sous le régime de communauté d'acquêts, tous les meubles dont elle avait la propriété au jour du mariage ou qui lui sont advenus depuis par succession ou donation; sous le régime dotal les meubles non estimés par le contrat de mariage ou mis à prix avec déclaration que l'estimation n'en ôte pas la propriété à la femme (art. 1564, C.C.), pourvu toutefois qu'ils ne soient pas de nature fongible.

Sous l'empire du Code civil s'élève la question de savoir si les meubles qui se trouvent exclus de la communauté forment de véritables propres et, sont comme tels, susceptibles d'une reprise en nature.

Quelques auteurs invoquant la doctrine de Pothier (n° 325) distinguent avec lui les propres réels et les propres conventionnels, ces derniers tombant dans la communauté qui devient débitrice de leur valeur et c'est en se basant sur cette opinion que plusieurs membres de la Chambre critiquaient la rédaction de notre nouvel article 560. Malgré une vive opposition, le droit de reprise en nature fut accordé à la femme. C'était une condamnation de l'opinion qui n'accordait à la femme en droit civil, qu'une reprise en valeur. L'art. 1503 que l'on invoque en ce sens, doit être restreint au cas qu'il prévoit : celui de réalisation tacite résultant de la promesse d'apport du mobilier à concurrence d'une certaine somme. L'époux perd alors son droit de propriété sur tout le mobilier et ne conserve qu'un droit de créance. Mais cet article est inapplicable au cas de réalisation expresse et au cas de réalisation tacite résultant de la promesse d'apport d'un corps certain. La propriété reste alors en principe à l'époux qui, à la dissolution de la communauté peut en exiger la restitution en nature.

L'art. 560 laisse à la femme, ainsi que nous venons de le voir, son droit de reprise dans toute son étendue. Mais il s'en faut qu'elle puisse l'exercer sans restrictions. Sous l'empire du Code civil, la femme qui veut reprendre en nature un meuble propre, doit, du moins lorsqu'elle se trouve en présence des créanciers du mari, prouver son droit de propriété par un inventaire ou un autre acte authentique.

C'est là l'opinion très ferme de la jurisprudence. S'il

y a désaccord entre la cour de cassation et certaines cours d'appel lorsqu'il s'agit d'une reprise en valeur, comme nous le verrons plus tard, ce désaccord cesse, semble-t-il, lorsqu'il s'agit d'une reprise en nature. L'arrêt de la cour de Dijon du 4 février 1884 ne renferme rien de contraire. (Sirey. 85. 2. 25).

L'art. 560 du Code de commerce qui exige de la femme la représentation d'un inventaire ou d'un autre acte authentique pour lui permettre de triompher dans une demande en distraction d'effets mobiliers exclus de la communauté, n'apporte donc aucune dérogation au droit commun.

L'acte authentique dont il est question dans notre article peut être soit le contrat de mariage, soit l'état estimatif annexé à l'acte de donation, soit encore l'acte de partage dressé devant notaire entre les cohéritiers.

L'art. 560 est muet relativement aux acquisitions faites à titre onéreux pendant le mariage. C'est donc à l'art. 559 que nous devrons recourir ; car ce texte dans sa généralité vise les acquisitions de meubles aussi bien que les acquisitions d'immeubles.

La femme pourra donc revendiquer avec succès les meubles acquis par elle depuis le mariage, en fournissant les preuves du droit commun.

Nous écartons ainsi comme nous l'avons déjà fait pour les acquisitions immobilières la théorie de plusieurs auteurs qui dans tous les cas veulent soumettre la preuve aux exigences de l'art. 558.

La femme ayant à prouver son droit de propriété sur un objet mobilier devra donc, en règle générale, apporter une preuve écrite de l'origine des deniers employés à l'acquisition.

Nous devons reconnaître qu'il y a à ce sujet une lacune dans l'art. 558. La femme pourra en effet reprendre les effets mobiliers acquis avec des deniers provenant de successions et de donations, alors qu'elle n'aurait pu obtenir en dehors des deux conditions exigées par l'art. 558, les immeubles acquis avec les mêmes deniers. Mais nous ne pouvons suppléer au silence de la loi, et nous ne devons admettre l'application de l'art. 558 que dans le cas particulier qu'il prévoit, s'agissant ici de matière d'ordre exceptionnel et la rédaction même de ses termes devant nous décider à nous en éloigner lorsqu'il s'agit de rechercher les principes généraux dominant cette étude.

La jurisprudence de la Cour de Cassation est bien en ce sens ; « Attendu, dit l'arrêt de la Chambre des Requêtes du 1er décembre 1879 (Sirey 1880. 1. 308), que l'art. 558 qui permet à la femme du failli de reprendre les immeubles acquis par elle et en son nom des deniers qui lui sont parvenus de donations ou de successions pourvu 1° que l'origine des deniers soit constatée par acte authentique et 2° que la déclaration d'emploi soit

expressément stipulée au contrat d'acquisition, ne s'applique qu'aux reprises immobilières de la femme... »
Bien que cet arrêt ne statue que sur la question d'emploi, en présence des termes généraux de sa rédaction, on peut admettre facilement que la même décision interviendrait s'il s'agissait de la preuve relative à l'origine des deniers.

Une autre source de reprises et le plus souvent des plus importantes peut exister au profit de la femme. Nous voulons parler des avantages matrimoniaux.

La loi pour ceux-ci a adopté une solution radicale : l'art. 564, C. Com. qui renferme les dispositions à ce sujet s'exprime ainsi : « La femme dont le mari était commerçant à l'époque de la célébration du mariage ou dont le mari, n'ayant pas alors d'autre profession déterminée, sera devenu commerçant dans l'année qui suivra cette célébration, ne pourra exercer dans la faillite aucune action à raison des avantages portés au contrat de mariage et, dans ce cas, les créanciers ne pourront, de leur côté, se prévaloir des avantages faits par la femme au mari dans ce même contrat.

Notons tout d'abord que notre disposition ne vise qu'une catégorie de commerçants, ceux qui exerçaient le commerce à l'époque de leur mariage ou qui, n'ayant pas alors de profession déterminée, l'ont entrepris dans l'année de la célébration de leur mariage.

C'est là un adoucissement que le législateur de 1883

est venu apporter aux dispositions du Code de Commerce de 1807, lequel ne faisait aucune distinction.

Cependant, comme c'est là la seule innovation qui ait été faite en 1838, il s'en suit que pour l'interprétation de notre disposition relative à l'étendue des avantages matrimoniaux, nous devrons nous en référer à la discussion qui précéda la rédaction première de 1807. Or il fut expressément spécifié alors que ces dispositions avaient une portée générale et visaient tous les avantages matrimoniaux de quelque nature qu'ils fussent. Il faut donc refuser à la femme du failli toute action en reprise, à raison soit des donations actuellement irrévocables, soit d'une institution contractuelle, soit d'un legs. Ce n'est que l'application du principe d'équité : nemo liberalis nisi liberatus. Cependant il faut remarquer ici que, pour les donations irrévocables, nous nous trouvons en présence d'une disposition particulière à la femme du failli, tandis que, pour les donations des biens à venir, ce n'est que l'application du droit commun : car ces donations ne s'exécutent que les dettes une fois payées ; elles tombent donc d'elles-mêmes en présence de l'insolvabilité du failli.

Nous remarquerons que, sur ce point, la loi commerciale contient un tempérament d'équité que la loi civile n'a pas prévu.

Dans le cas où les avantages matrimoniaux faits au profit de la femme se trouvent dépourvus d'action, les

créanciers du mari ne peuvent de leur côté se prévaloir
des avantages faits par la femme au mari. Il en résultera
quelquefois que la femme elle-même aura intérêt à se
prévaloir des dispositions de l'art. 564 ; elle n'hésitera
pas à le faire lorsque les avantages faits à son mari,
seront plus considérables que ceux qu'elle a reçus de lui.
Mais elle ne devra pas perdre vue qu'en prouvant que
son mari était commerçant lors du mariage, ou l'est devenu dans l'année, elle se soumet aussi aux restrictions
de l'art 564 relatives à son hypothèque légale, restrictions, comme nous le verrons, très rigoureuses et que ne
suffirait pas souvent à contre balancer l'avantage qu'elle
pourrait retirer de la résolution des libéralités qu'elle a
faites.

La fixation de l'époque où le mari a commencé de
se livrer au commerce a donc ici une importance capitale.

Elle pourra donner lieu souvent à des divergences
d'interprétation entre la femme et les créanciers. De
même le point de savoir si le mari pouvait être considéré
comme commerçant à cette époque.

Les tribunaux ici seront souverains juges. Ils appli-
queront l'art. 564 C. Com. lorsque le mari à l'époque du
mariage, se livrait habituellement à des opérations com-
merciales bien qu'il n'ait pas pris la qualité de commerçant dans son contrat de mariage.

En sens inverse, ils pourront décider que le fait par le

mari de s'être donné comme commerçant lors du mariage, lorsqu'en réalité il ne l'était pas, ne saurait déterminer l'application de l'art. 564 C. Com., si toutefois
il n'a pas commencé le négoce dans l'année de la célébration. (V. Besançon 13 février 1856, Sirey. 56. 2.
367 ; — Cass. 24 janvier 1872. Sirey 72. 1. 231 ; — Lyon-
Caen et Renault, Précis de Droit Comm. n· 3056 ; —
Pont, Priv. et hypothèques n· 443).

L'art. 564 ne mentionne que les libéralités portées
au contrat de mariage. Faut-il en conclure que les donations postérieures à la célébration seraient soustraites
à son application ?

On l'a soutenu [1] en se basant sur le principe que les
nullités ne doivent pas s'étendre par voie d'induction ;
que, d'un autre côté, les art. 557 et 558 autorisent de la
manière la plus générale les donations faites à la femme
pendant le mariage. Il nous semble qu'il y a plutôt
une raison décisive pour soumettre ces donations aux
dispositions de l'art. 564 ; celles-ci sont en effet révoca-
bles au gré du donateur ; à la différence des donations par
contrat qui sont irrévocables, elles ne constituent pas
un droit acquis pour la femme.

L'esprit de la loi est aussi dans ce sens. Si l'art. 564
a pour but de parer aux fraudes que les libéralités faites
à la femme pourraient favoriser, il faut reconnaître qu'il

[1] V. Massé, Droit commerçial I. II. n· 1343.

devait tout d'abord s'attacher à celles qui intervien-
draient au cours du mariage, à une époque où le commerçant considérait sa ruine comme inévitable.

Mais nous ne sortirons par du champ d'application
délimité par l'art. 564 C.C. Comme pour les donations
faites par contrat de mariage, nous ne refuserons à la
femme d'action pour les donations faites au cours du
mariage, que si le failli était commerçant au moment
de la célébration du mariage ou, n'ayant pas de profession déterminée à cette époque, l'est devenu dans l'année.

(V. Lyon-Caen et Renault, n· 3057. Contra, Demangeat sur Bravard, Droit Commercial. T. V, page 572.
note 1).

SECTION II

DES DROITS DE LA FEMME CONSIDÉRÉE COMME CRÉANCIÈRE

En principe la femme conserve après la faillite toute
les créances qu'elle peut avoir contre son mari.

Une seule exception est à noter ici: elle aura le plus
souvent une importance considérable. Lorsque le mari
était commerçant à l'époque de la célébration du mariage ou lorsque, n'ayant pas alors de profession déterminée, il est devenu commerçant dans l'année, la
femme ne pourra faire valoir aucune créance relative à

ses avantages matrimoniaux. La loi ne vise pas, en effet, seulement le cas de reprise en nature ; le mot action dont elle se sert, englobe dans sa signification générale la mise en mouvement de tout droit personnel ou réel.

Mais si la femme peut, comme en droit commun, recourir contre son mari pour tout ce qui lui est dû, le législateur a entouré l'exercice de ce recours de garanties particulières, car c'est ici que la fraude pouvait se glisser le plus facilement.

Rien n'eût été plus aisé pour le mari que de créer au profit de sa femme des causes non légitimes de reprises, ou bien d'augmenter l'importance de celles existant légitimement.

Dans ce but, le législateur a écrit l'art. 562, disposition parallèle à celle de l'art. 559, édictant comme ce dernier article une présomption contre la femme : par cela seul qu'elle aura payé une dette de son mari, elle sera considérée comme s'étant servi des derniers de celui-ci. C'est le renversement de la règle de droit commun.

Comment la femme fera-t-elle tomber cette présomption ? En fournissant la preuve contraire de l'art. 562, c'est-à-dire en établissant que c'est bien ses propres deniers qui ont été employés à l'extinction de la dette. Pour le mode de preuve notre article renvoie à l'art. 559.

C'est donc en fournissant la preuve de droit commun que la femme triomphera dans son recours.

Peut-être sera-t-il possible aussi d'éluder quelquefois la loi. La femme pourra prétendre, par exemple, que les deniers ayant servi au paiement de la dette du mari provenaient d'une succession ou d'une donation et elle n'aura pas à fournir la preuve de l'emploi par la mention dans la quittance et la preuve authentique de l'origine des deniers, comme le veut l'art. 558.

C'est donc là une fraude possible. Mais l'art. 562 ne se réfère quant à la preuve qu'à l'art. 559 ; il ne fait nulle mention de l'art. 558, et dans cette matière, toute de rigueur et par conséquent d'interprétation stricte, il ne peut être permis de combler cette lacune.

La femme peut n'avoir encore rien déboursé. Elle se trouve engagée conjointement avec son mari pour une dette propre à celui-ci. La question touche à celle que nous venons de résoudre par un point. Si l'on se reporte à l'art. 2032, C. C., lequel accorde au créancier d'un débiteur tombé en faillite le droit d'agir contre lui avant l'échéance, on admettra facilement que les dispositions de cet article s'appliquent sans conteste à la femme qui s'est engagée pour son mari comme caution, ou qui, mariée sous le régime de communauté, s'est obligée solidairement avec lui (art. 1431, C. C.). Même protection est due ici à la femme qu'aux autres créanciers. (Cass. Req. 2 janvier 1838, S. 38. I. 561. — Orléans 24 mai 1848, S. 50. 2. 146.

Mais la femme peut avoir d'autres créances à exercer contre la faillite.

1° Elle peut se présenter comme créancière à raison de propres dont la communauté est devenue propriétaire en vertu des règles sur le quasi-usufruit.

2° Des immeubles à elle propres ont été aliénés par le mari sans qu'il ait été fait remploi du prix de vente.

3° La femme n'ayant pu produire les preuves exigées par les art. 558 et suivants demande à être admise à la faillite comme simple créancière.

Quel sera le sort de ces diverses créances ?

C'est une question très vivement débattue et sur laquelle la jurisprudence des Cours d'appel s'affirme de plus en plus comme contraire à celle de la Cour de Cassation. Cependant dans cette controverse, certains points sont demeurés incontestés. Nous les mettrons tout d'abord en relief.

Qu'il s'agisse de biens existant encore en nature ou de biens confondus avec ceux du mari ou aliénés depuis le mariage, la femme qui se prévaudra d'un droit de créance aura une double preuve à faire valoir :

1° L'apport effectif, la réception de ces biens par le mari.

2° La consistance de ces biens.

Quant à la preuve de la réception, nulle difficulté ne s'est élevée. Tout le monde est d'accord pour décider que l'exigence de la date certaine doit être restreinte au seul cas prévu par le § 2, n° 1 de l'art. 553.

Même décision s'il s'agit du remploi d'un bien aliéné
pendant le mariage. La femme se présentant comme
créancière n'aura pas à prouver par acte authentique ni
même par acte sous seing-privé ayant date certaine la
réception du prix par le mari. « Attendu, dit en se
sens l'arrêt du 4 février 1884, confirmé en ce point par
l'arrêt de la C. de Cassation du 22 novembre 1886,
attendu qu'il n'est pas nécessaire que ces quittances
aient date certaine, alors qu'aucune fraude n'est alléguée
à ce sujet ; qu'il est même à remarquer qu'en ce qui
concerne la récompense due à la femme d'un failli pour
le remploi des immeubles aliénés pendant la communauté, l'art. 563, applicable seulement lorsque le mari
est commerçant au moment du mariage ou lorsqu'il est
devenu commerçant dans l'année, n'exige pas pour que
la femme puisse exercer son hypothèque légale un
acte ayant date certaine pour prouver la réception du
prix de vente d'un immeuble propre, tandis que ce
même article impose à cette dernière une preuve par
acte ayant date certaine du paiement de ses deniers et
effets mobiliers apportés en dot, ou à elle advenus
depuis par succession, donation entre vifs ou testamentaire ».

Ici donc la femme n'aura à prouver que le fait de la
vente, et elle pourra employer tous les moyens de preuve.
Nous supposons, en effet, toujours ici que la femme
agit comme créancière simplement chirographaire,

car si elle se prévalait de son hypothèque légale elle devrait, comme nous le verrons plus loin, fournir un acte de vente ayant date certaine, conformément à l'art. 1328, C. C.

Le second point sur lequel devra porter la preuve de la femme est, nous l'avons dit, relatif à la consistance du bien dont elle réclame la reprise en valeur.

C'est ici que s'affirme le dissentiment entre plusieurs Cours d'appel et la Cour de Cassation.

Le principe posé par cette dernière est absolu. La femme se présentant comme créancière doit établir la preuve de son droit par les mêmes moyens que si elle voulait obtenir une reprise en nature.

S'agit-il de réclamer le prix d'immeubles vendus au cours du mariage et dont le prix n'aurait pas été payé ou remployé ? la femme sera soumise aux art. 557, 559.

De même, s'il s'agissait d'un bien acquis à titre onéreux pendant le mariage et revendu ensuite.

Pour les meubles apportés en dot ou acquis au cours du mariage, la femme ne pourra en poursuivre la reprise en valeur qu'en justifiant d'un inventaire ou de tout autre acte authentique, conformément à l'art. 560.

De même pour une créance basée sur la réception par le mari de meubles confondus dans la communauté par suite de leur nature fongible.

Jusqu'ici, nous avons supposé avec la Cour de cassation, que les biens dont la femme prétend recouvrer la valeur, n'existent plus en nature. En effet, dans le cas contraire, la créance de la femme serait toujours repoussée, car elle ne peut obtenir par un moyen indirect, le prix d'un bien qu'elle n'a pu reprendre en nature.

Cette théorie, appliquée ici à la faillite du mari se base sur les mêmes principes que celle affirmée par la Cour de cassation, en cas de déconfiture.

La cour suprême admet en effet que la femme, en présence des créanciers du mari, ne peut exercer la reprise *en nature* des meubles dont les dispositions de son contrat de mariage lui laissaient la propriété, qu'en produisant un acte authentique. Telle est la théorie que, à tort ou à raison, — ce qui n'est pas à examiner ici, — la jurisprudence fait ressortir de l'interprétation des art. 1499 et 1510 combinés.

Mais en matière de faillite il ne peut exister de controverse à ce sujet. L'art. 560 est formel et exige la production d'un acte authentique en cas de reprise en nature.

Reste à examiner les motifs qui ont conduit la Cour de cassation à exiger une preuve de même degré lorsque la femme se présente uniquement comme créancière.

Le principal argument de la Cour de cassation, tel qu'il se dégage des deux arrêts des 16 janvier 1877 et 22 novembre 1886, s'appuie sur le 2ᵉ alinéa de l'art. 560. Il contiendrait une règle générale applicable à tous les cas. A défaut de faire la preuve par acte authentique, tous les effets mobiliers tant à l'usage du mari qu'à celui de la femme seront acquis aux créanciers, dit l'alinéa. Or, les mots effets mobiliers comprennent tout ce qui est censé meubles d'après les règles de la loi, et par conséquent les sommes d'argent et les titres au porteur (art. 535 C.C.).

D'un autre côté et en pénétrant plus avant dans l'esprit de la loi, ne reconnaît-on pas que se départir des exigences de l'acte authentique en présence d'une reprise en valeur, serait faciliter les fraudes à la loi. La femme qui n'aura pu réussir à obtenir un bien en nature, faute d'avoir pu produire un acte authentique, viendra recevoir en s'appuyant sur un acte sous-seing privé, dans certains cas même, en s'appuyant sur un témoignage ou sur une enquête par commune renommée, la valeur peut être intégrale du bien qu'elle n'a pu distraire.

D'ailleurs dit-on [1] « la femme ne saurait faire abstraction de sa qualité de propriétaire. Que ses reprises s'exercent en nature ou en argent, sa prétention s'analyse nécessairement en une affirmation d'un droit de propriété, soit actuel, soit antérieur ».

Il faut aller plus loin, et admettre la même solution pour les propres mobiliers imparfaits. Sans doute la

---

[1] V. L. Guénée, note dans Dalloz, 1887.1.113.

communauté les a acquis d'après les règles du quasi-
usufruit (art. 587, C.C.); le droit de propriété de la
femme s'est transformé en une créance d'indemnité,
mais dont la cause réside dans ce droit de propriété
même. C'est parce qu'elle a été au début propriétaire de
ces effets mobiliers qu'elle en réclame la valeur.

Enfin la théorie générale de la preuve, telle qu'elle
résulte des art.1347 et suivants du code civil ne pourrait
offrir aucun fondement à la distinction qu'on voudrait
faire admettre. Le législateur, dit-on, se préoccupe de
l'importance pécuniaire du débat, il tient compte de
considérations puisées soit dans la personne du demandeur (art. 1348, al. 1. C. Civ.), soit dans celle du défendeur (art. 1347 et 1348.), mais il n'a nullement égard à
la nature des droits réclamés quand il n'y a qu'un
intérêt pécuniaire en jeu.

Tel est dans son ensemble le système préconisé par la
Cour de Cassation et les auteurs qui s'y rallient.

Nous allons, en reprenant les arguments que nous
venons d'exposer, tacher de montrer ce qu'il a de défec-
tueux.

Nous reconnaissons que les mots « effets mobiliers »
doivent être entendus conformément à l'art. 535 du C.
Civil ; mais il faut les entendre secundum subjectam
materiam et l'art. 560 ne prévoit que le cas de reprise en
nature, comme l'indiquent bien les expressions dont il se
sert : « La femme pourra reprendre *en nature*, dit-il.

N'est-ce pas là le cas d'une revendication? Et cette autre expression : « toutes les fois que l'identité... » que nous rencontrons à la fin du paragraphe 1, ne ne vient-elle pas confirmer cette manière de voir.

M. Bufnoir dans la note insérée sous l'arrêt de Cass. du 22 novembre 1886 (Sirey. 89. 1. 465), fait bien ressortir ce qu'il y aurait d'exorbitant dans cette manière de voir. « Elle aboutirait à faire considérer comme non avenue à l'égard du créancier, la stipulalation de propre résultant de l'adoption de la communauté réduite aux acquêts, enlevant ainsi à la femme tout droit de disposer à quelque titre que ce soit. Ce qui serait aller bien loin au delà du texte. Le texte ne dit pas que le défaut d'inventaire ou d'acte authentique rend la stipulation de propre non avenue à l'égard du créancier, mais simplement qu'il entraîne l'attribution à la masse de la faillite des objets auxquels elle s'applique. Cette attribution est générale et s'applique, comme l'arrêt en fait la remarque, à tous les effets mobiliers dans l'acception large de l'art. 535 C. Civ. mais elle n'est aucunement inconciliable avec les droits que la femme peut avoir en qualité de créancière d'une reprise. »

Mais, dit-on, la femme ne peut établir un droit à la récompense du prix de ses effets mobiliers qu'en établissant la consistance et la valeur de ces effets comme faisant partie de ses propres, et à ce point de vue encore, les disposition des articles 558, 560 C. Com. lui seraient applicables. Si on acceptait cette décision, il faudrait bien reconnaître que les intérêts de la femme seraient entièrement sacrifiés à ceux du créancier. Il n'a pu entrer dans les vues de la loi une telle rigueur. L'art. 560 C. Com. règle le droit de saisie des créanciers sur le mobilier que la femme ne peut reprendre en nature, mais il lui laisse un droit de créance qu'elle exercera suivant les règles de preuve du droit commun.

Les dispositions de l'art. 563, viennent confirmer ce raisonnement. Les restrictions qu'ils contient ne visent que la réception et non la consistance des effets apportés et, comme le fait remarquer M. Bufnoir dans la note précitée, « la doctrine de la Cour de Cassation introduit ou suppose dans l'application de l'art. 563 du C. de Com. un supplément de rigueur que son texte n'autorise pas. »

Il semble superflu qu'on ajoute ici que la prétention de la femme se ramène à l'affirmation d'un droit de propriété soit actuel, soit antérieur. La nature de la preuve dépend ici, non point de la cause première de la reprise, mais de la nature du droit que la femme veut faire valoir. Si la femme n'émet pas la prétention d'entraver le droit de saisie que l'art. 560 accorde aux créanciers, mais ne se réclame que de droits inhérents à sa qualité de créancière seule, sa prétention ne saurait être repoussée sans injustice. Elle se trouverait en effet dans une situation pire que celle de tout autre créancier, lequel pourra se prévaloir de tous les moyens de preuve de droit commun, et ils le pourront d'autant plus facilement qu'ils auront eu toute faculté pour protéger leurs droits, tandis que la femme qui se verra déjà désarmée pour une reprise en nature par suite de l'indifférence ou de la mauvaise volonté du mari, ne pourra même pas être admise sur le même pied d'égalité que les créanciers, ce qui, cependant, ne constituerait pour elle qu'une compensation souvent bien incomplète d'une faute qui ne lui est pas imputable.

Les principes du code civil viennent à l'appui de notre opinion. Nous nous en autoriserons d'autant plus facilement que l'art. 560 du C. de Com. semble bien n'être que la reproduction plus nette du principe contenu confusément dans l'art. 1510 C. Civ. Or ce dernier article tout en reconnaissant aux créanciers un droit de saisie sur le mobilier non inventorié, admet formellement en faveur de l'époux créancier un recours en récompense.

Cet argument devient encore plus pressant en présence des termes de l'art. 1519 du code civil. Si la clause de principe prévue par l'art. 1515, demeure sans effet vis-à-vis des créanciers qui conservent le droit de faire vendre les biens compris dans le préciput, la femme n'en conserve pas moins son droit de recours, droit de créance fortifié par son hypothèque légale.

La femme aura donc à sa disposition deux droits dis-

tincts : 1° Un droit de reprise en nature soumis à des conditions d'exercice dont la rigueur se règle sur l'importance du tort qu'il peut causer aux créanciers. 2° Mais,
si elle n'a pu se procurer les preuves exigées pour cette
reprise, elle retombera dans le droit commun.

Elle viendra, à côté des créanciers et en concours
avec eux, sauf à faire valoir les garanties que la loi lui
réserve.

Peut-être atteindra-t-elle ainsi un résultat équivalent,
peut-être arrivera-t-elle à un complet désintéressement
Mais c'est là, comme le fait remarquer M. Bufnoir, « un
accident, et il suffit qu'en droit il y ait une différence entre les deux prérogatives pour justifier la loi
d'en avoir soumis l'exercice à des conditions différentes ».

CHAPITRE III

RESTRICTIONS A L'HYPOTHÈQUE LÉGALE DE LA FEMME

Nous venons d'étudier les droits de la femme lorsqu'elle se présente comme créancière purement chirographaire.

Il nous faut examiner maintenant les dispositions de la loi commerciale, lorsqu'à l'appui de ses droits elle fait valoir son hypothèque légale, et rechercher quelles restrictions la femme aura à subir de ce côté.

Des fraudes, en effet, pouvaient se commettre qu'il fallait surtout prévenir. La femme en se prévalant de son hypothèque légale tend à prendre vis-à-vis de la masse une situation privilégiée. Si la loi devait se montrer prévoyante pour déjouer les combinaison des époux tendant à enfler le montant des reprises, c'était ici surtout où la femme, se présentant comme créancière, invoque à l'appui de sa prétention son hypothèque légale.

Un autre genre de fraude était aussi à éviter. La femme peut, grâce au jeu combiné des dispositions favorables du Code civil sur la subrogation à son hypothèque légale, procurer une situation avantageuse à certains créanciers. Nous aurons à rechercher si les dispositions de la loi ont prévu avec efficacité ces combinaisons.

Nous étudierons dans deux sections distinctes les restrictions que l'art. 563 C. C. apporte à l'hypothèque légale de la femme :

1° Quant aux immeubles qui en sont grevés ;

2° Quant aux créances qu'elle garantit.

SECTION I

IMMEUBLES GREVÉS PAR L'HYPOTHÈQUE LÉGALE

L'hypothèque légale de la femme s'étend en droit civil, sur tous les immeubles du mari, sur tous les immeubles présents et à venir (C. 2122 C. Civ.).

L'art. 563 du C. Com. restreint l'assiette de l'hypothèque de la femme aux immeubles qui appartiennent au mari au moment de la célébration du mariage et à ceux qui lui sont advenus par succession et par donation entre vifs ou testamentaire. Les biens acquis par le mari à titre onéreux depuis la célébration du mariage, au contraire, ne peuvent être atteints par l'action hypothécaire de la femme. Cette restriction s'explique facilement. Il fallait en effet couper court à une combinaison frauduleuse de la part du mari qui, prévoyant sa ruine prochaine, aurait été porté à transformer en immeubles, les fonds disponibles, enlevant ainsi aux créanciers le plus clair de leur gage.

Une autre restriction se trouvait formulée dans le code de 1807 : l'hypothèque de la femme ne pouvait atteindre les biens survenus au mari par donation ou par succession la première catégorie d'acquisition avait été écartée, parce qu'elle pouvait déguiser une opération à titre onéreux ; la seconde parce que, lors du partage, le mari se serait fait attribuer de préférence des immeubles, étendant ainsi la garantie hypothécaire de sa femme.

Cette double distinction disparut lors de la rédaction de la loi de 1838. Elle paraissait en effet d'une rigueur excessive. On remarqua, en effet, lors de la discussion que les créanciers pouvaient toujours conformément à l'art. 882 C. C. intervenir au partage et un amendement de M. Moreau de la Meurthe, tendant à soumettre à l'hypothèque les biens acquis au mari par succession, fut admis au projet de loi présenté par le gouvernement. Dans ces conditions, le gouvernement, reconnaissant lui-même le manque d'harmonie de son premier projet ainsi modifié, proposa d'étendre aux donations l'amendement relatif aux successions. Ce nouveau projet fut admis sans difficulté.

La loi déclare, en premier lieu, soumis à l'hypothèque légale les immeubles qui appartiendraient au mari lors

7

du mariage. Cette règle doit être adoptée dans toute son
étendue. Il importerait donc peu que le prix n'eut été
payé que postérieurement au mariage

Comme le fait remarquer M. Labbé[1] : « Le législateur
en édictant l'art 563, C. Comm. a maintenu sous l'hypothèque de la femme ou affranchi de cette hypothèque
certaines catégories d'immeubles en vertu de présomptions légales qui n'admettent pas la preuve contraire.
Sans doute son intention dominante est de soustraire à
l'hypothèque légale les immeubles achetés avec les deniers du commerce. Mais il n'a pas imposé aux juges
la tâche de rechercher si l'équivalent fourni pour l'acquisition d'un immeuble par le mari a été ou non pris
dans l'actif commercial au détriment des créanciers du
commerce ».

Serait également soumis à l'hypothèque lègale l'immeuble acquis par prescription, lorsque, commencée
avant le mariage, cette prescription ne devient accomplie que postérieurement car la propriété se trouve
passer au mari à partir du jour où la prescription a
commencé.

Il faudrait décider de même pour l'immeuble vendu
avant le mariage par le mari avec clause de réméré. La
propriété, au cas où le mari aurait usé de la faculté de
rachat postérieurement au mariage, lui fait retour avec

---

[1] Note sous Cass. 26 janvier 1876. Sirey 76. 1.241.

effet rétroactif. Il est considéré comme ayant toujours
été propriétaire. On nous fera ici la même objection
que lorsqu'il s'agit d'un immeuble acquis avant le mariage. La réponse que nous avons faite à cette objection
conserve ici toute sa valeur.

Faut-il admettre la même solution relativement à
l'immeuble qui aurait été ameubli par le mari? La question s'est posée devant les tribunaux, et la cour de cassation décida en dernier lieu, conformément à l'arrêt de
la cour d'appel de Paris (13 juin 1874) que l'immeuble
ameubli était soumis à l'hypothèque de la femme. Mais,
dans l'hypothèse présente, la femme avait renoncé à la
communauté et, c'est en considérant la femme renonçante comme n'ayant jamais été commune, que la cour
a statué dans le sens favorable à la femme. Mais la
question reste entière pour le cas où celle-ci aurait accepté la communauté. Il faudrait donc pour étendre notre solution à ce dernier cas, la rattacher à un principe
plus général.

Nous avons vu plus haut que l'art. 563 ne prenant en
considération que la date et le mode d'acquisition, il
n'est fait aucune distinction entre les immeubles restés
propres au mari et ceux qui tombent dans la communauté. Si parmi ces derniers il s'en trouve qui aient
appartenu au mari au moment du mariage, les conditions
de l'art. 563 se trouveront remplies.

Quid dans le cas où le mari qui était devenu propriétaire indivis d'un immeuble, soit avant le mariage, par une cause quelconque, soit depuis par succession ou donation, a acquis la totalité de l'immeuble par licitation ou acte de partage ?

L'hypothèque va-t-elle s'étendre sur la totalité de l'immeuble ? La question revient à se demander, si le principe de la retroactivité du partage, admis d'une façon absolue dans ses applications en droit civil, ne recevrait pas en vertu de l'art. 563 une dérogation.

La cour de cassation dans un arrêt du 10 novembre 1869 (Sirey. 1870. 1. 5) a jugé que le principe de l'art. 883 du C. Civ. devait recevoir effet même en notre matière. Rien, en effet, ne fait supposer que l'art. 563, C. Com. ait voulu apporter une dérogation aux principes généraux du droit civil renfermés dans l'art. 883 ; son silence ici est signicatif. « En prévoyant spécialement le cas de succession, dit l'arrêt précité, l'art. 563, C. Com. admet par là même l'éventualité du partage avec tous ses effets légaux et notamment le caractère déclaratif qui y est attaché par l'art. 883, C. Civ. »

L'hypothèque s'étend, d'après la règle formulée par l'art. 2133, C. Civ., à toutes les améliorations survenues à l'immeuble. Si ces améliorations ont eu lieu depuis le mariage, doit-on décider que l'hypothèque de la femme s'y attachera également ?

Nous mettons de côté les améliorations résultant de réparations nécessaires ? Pour celles-ci le failli a fait

aussi acte de bonne administration et il est difficile de
lui supposer le désir de frauder ses créanciers. Quant aux
autres améliorations qui ont donné à l'immeuble une
plus value certaine, l'extinction de l'hypothèque ne saurait être admise. C'est l'opinion générale des auteurs.
(V. notamment, Lyon-Caen et Renault, Pr. de droit
comm., II, n° 3052 ; — Bedarrides, Faill. II, n° 1034 ; —
Aubry et Rau, III, § 254 ter et note 51 ; — Pont, Des
hypothèques, n° 535.)

La jurisprudence a une tendance à se prononcer en
sens contraire. (V. Rouen, 29 décembre 1855. S. 57. 2.
753 ; Caen. 3 juin 1865. S. 65. 2. 310.). Mais c'est permettre au failli de tourner la règle de l'art. 563, et il le
fera lors même que la plus value créée en pareil cas par
des constructions faites en temps inopportun, aurait été
inférieure à la dépense.

Pour les immeubles acquis par le failli pendant le
mariage à titre de donation et de succession deux remarques seules nous arrêteront quelque temps.

1° Lorsque le mari aura, pendant le mariage, vendu un
immeuble soumis à l'hypothèque légale, celle-ci ne saurait atteindre l'immeuble acquis en remploi. Il semble
difficile de trouver dans la règle de la subrogation, un
argument en sens contraire, et on ne saurait ajouter aux
cas de subrogation prévus par la loi.

2° Si nous supposons que l'immeuble soustrait à l'hypothèque ayant été vendu avant la faillite, celle-ci inter-

vienne avant la distribution du prix, la femme ne pourra prétendre aucun droit sur le prix. Celui-ci constitue, en effet, la représentation de la chose ; il ne saurait être grevé d'un droit qui n'avait pu se fixer sur la chose elle-même. Mais la solution serait différente si le prix, au moment où la faillite est intervenue, avait déjà fait l'objet d'une mise en distribution et que la femme eut obtenu un bordereau de collocation.

Elle aurait là un titre contre lequel la survenance de la faillite ne pourrait rien.

En l'absence de toute disposition spéciale nous reconnaîtrons à la femme la faculté de prouver suivant la règle de preuve de droit commun, l'époque de l'acquisition faite par le mari. Elle pourra de même prouver que l'acquisition indiquée comme étant à titre onéreux, a été faite réellement à titre gratuit. Et, comme ici nous nous trouvons en présence d'un cas où elle a été dans l'impossibilité de se procurer une preuve littérale, elle sera admise à user de la preuve par témoins (art. 1348 C. Civ). La cour de Grenoble s'est prononcée dans ce sens par un arrêt du 28 juin 1858 (Sirey, 59. 2. 249).

Par contre, nous reconnaîtrons un droit analogue aux créanciers du failli lorsque la femme voudrait exercer son hypothèque sur un immeuble qui, par sa nature ou l'époque de son acquisition, s'y trouverait soustrait.

SECTION II.

CRÉANCES GARANTIES PAR L'HYPOTHÈQUE LÉGALE

L'art. 562 en même temps qu'il détermine les immeubles qui se trouvent soumis à l'hypothèque de la femme, nous indique les différentes espèces de créance qu'elle pourra garantir.

La femme aura hypothèque :

1° Pour les deniers et effets mobiliers qu'elle aura apportés en dot ou qui lui seront advenus depuis le mariage par succession ou donation entre vifs ou testamentaire et dont elle prouvera la délivrance ou le paiement par acte ayant date certaine.

2° Pour le remploi de ses biens aliénés pendant le mariage.

3° Pour l'indemnité des dettes par elle contractées avec son mari.

La loi de 1838 est venue adoucir les rigueurs du Code de commerce de 1807 à un double point de vue : D'abord elle accorde à la femme le secours de l'hypothèque pour la valeur des effets mobiliers qui lui sont advenus par succession ou donation et dont elle n'aura pu obtenir la reprise en matière.

En second lieu, au lieu de l'acte authentique autrefois exigé pour prouver la délivrance ou le paiement des effets mobiliers, elle pourra désormais exercer son action hypothécaire, en produisant seulement un acte ayant date certaine.

Si l'on compare l'énumération des créances garanties par l'hypothèque légale telle que nous la trouvons dans l'art. 563, C. Com. avec celle donnée dans l'art. 2135, C. Civ., on reconnaît facilement qu'elles ne diffèrent que sur un point : L'art. 563, passe sous silence les conventions matrimoniales.

Nous savons pourquoi. Ce n'est pas seulement la garantie hypothécaire que la loi enlève ici à la femme, mais (art. 564) le droit lui-même.

Cette coïncidence de l'art. 563 et de l'art. 2135 C. Civ. n'est pas fortuite. Nous en conclurons que, de même qu'il ne faut pas attribuer à l'énumération de l'art. 563. C. Comm. un caractère limitatif, de même il n'est pas admissible de le faire pour l'énumération donnée par l'art. 2135 C. Civ.

Mais, si les créances de la femme, garanties par l'hypothèque, ne se trouvent restreintes ici que sur un point, conséquence de la disposition radicale de la loi 564, il ne faut pas conclure qu'au point de vue de leur exercice la femme reste soumise aux règles de droit commun.

L'art. 563 demande à la femme de faire preuve de la délivrance ou du paiement des effets mobiliers par elle apportés en dot, ou à elle advenus depuis le mariage par succession ou donation, par acte ayant date certaine. Cette exigence a pour but d'éviter la fraude des époux, qui, en se créant après coup des quittances de valeurs que le mari n'aurait pas touchées, voudraient ainsi frustrer les créanciers.

Il semble assez difficile de justifier la différence qui existe à ce point de vue entre la femme du failli et celle du mari en déconfiture. Mais, si un reproche doit être fait au législateur, ce n'est pas de s'être montré rigoureux dans ce cas ; c'est de ne pas avoir étendu la même exigence au mari en déconfiture. Que faut-il entendre ici par acte ayant date certaine ?

Assurément il ne peut s'agir ici que d'un acte authentique ou d'un acte sous-seing privé conforme aux prescriptions de l'art. 1328 du C. Civ.

Que faudrait-il décider si le contrat de mariage portait que l'acte de célébration vaudrait quittance ? Cette clause pourra-t-elle être jugée satisfaisante aux yeux de la loi ? Nous le pensons. L'acte de célébration rapproché du contrat de mariage constitue évidemment un acte ayant date certaine dans le sens de l'art. 563 du C. Comm. Si l'on ne veut pas se contenter d'une telle preuve, parcequ'elle peut faciliter une fraude, pourquoi exigerait-on une nouvelle quittance ? Celle-ci prouvera-t-elle plus sincèrement la réalisation de l'apport promis ?

Mais nous déciderions autrement en ce qui concerne la disposition écrite en l'art. 1569, C. Civ., d'après lequel, le mari est présumé avoir reçu les biens dotaux, lorsqu'il s'est écoulé dix ans depuis l'échéance du terme pris pour le paiement ou la délivrance de la dot. L'art. 1569 est comme toutes les dispositions du titre de contrat de mariage écrit dans un but de protection excessive pour la femme contre son mari. Mais, autant la loi se montre pleine de sollicitude pour elle lorsque ses intérêts se trouvent en lutte avec ceux du mari, autant, elle se montre sévère, lorsque le mari est aux prises avec ses créanciers C'est à ces derniers alors que va toute la protection du législateur, L'art. 563 doit donc prévaloir sur l'art. 1569. Du reste, ce dernier texte ne parle que d'une présomption de paiement, tandis que l'art. 563 exige la preuve d'un paiement réel.

La reconnaissance que les créanciers feraient de la sincérité du paiement ou de la délivrance des effets mobiliers serait suffisante pour soustraire la femme aux exigences de la preuve par date certaine. Et cette reconnaissance résulterait clairement de l'admission à la faillite d'une créance insuffisamment prouvée dans le sens de l'art. 563.

Quant aux créances de la femme relatives au remploi de ses biens aliénés ou à l'indemnité des dettes contractées par elle avec son mari, elle devra, d'après les principes de droit commun, produire un acte ayant date certaine en conformité de l'art. 1328, C. Civ. Qu'il s'agisse pour la femme d'opposer sa créance à la masse chirographaire ou à des créanciers hypothécaires d'un rang postérieur au sien, dans les deux cas elle se trouve en présence, non d'ayant-cause du mari, mais de tiers, qui en cette qualité pourront se recommander du bénéfice de l'art. 1328, C. Civ.

Bien entendu la femme qui veut exercer son hypothèque légale doit ne pas y avoir renoncé, soit expressément, soit implicitement. Il en serait ainsi si elle avait voté au concordat. L'art. 508, C. Com., décide, en effet, que les créanciers hypothécaires inscrits ou dispensés d'inscription ne peuvent voter au concordat qu'en renonçant à leur hypothèque et que cette renonciation devra être induite du fait même du vote.

Ce texte doit donc, étant donnée sa généralité, s'appliquer à la femme.

Mais rien ne s'opposerait à ce que la femme se présentât au concordat pour les différentes créances chirographaires qu'elle pourrait avoir. On n'en saurait tirer cette conséquence qu'elle a voulu renoncer à son hypothèque légale pour les créances qui se trouvaient protégées par cette garantie.

Mais il faut supposer que le contrat de mariage de la femme lui permet de renoncer à son hypothèque. Autrement, on ne saurait lui opposer une renonciation même tacite. La femme mariée sous le régime dotal, ne pourra donc pas, si l'on admet qu'elle ne peut renoncer à l'hypothèque qui garantit sa créance dotale, être considérée comme ayant perdu son droit hypothécaire, par suite de son vote au concordat.

Parmi les actes que l'art. 446 du Code de Comm. déclare nuls lorsqu'ils ont été accomplis depuis l'époque déterminée par le tribunal comme étant celle de la cessation des paiements, ou dans les dix jours qui auront précédé cette époque, nous remarquons les hypothèques conventionnelles ou judiciaires pour dettes antérieurement contractées. La loi ne fait nulle mention des hypothèques légales. Faut-il voir là une omission volontaire? Nul doute à cet égard lorsqu'on se reporte à l'historique de la nouvelle rédaction de cet article. L'ancien article 443 dont la disposition est devenue en se transformant le dernier alinéa de l'art. 446 disait : « Nul ne peut acquérir privilège ni hypothèque sur le bien du failli dans les dix jours qui précèdent l'ouverture de la faillite. » Ce texte dans sa généralité pouvait comprendre l'hypothèque légale et c'était bien dans ce sens qu'on l'interprétait. Mais devant la conséquence peu équitable qu'entraînait une disposition aussi rigoureuse, conséquence qu'on essayait d'éviter de plusieurs manières, le législateur modifia le texte primitif et en mentionnant dans la nouvelle rédaction les hypothèques conventionnelles ou judiciaires a manifesté clairement son intention de soustraire à la nullité de l'art. 446 les hypothèques légales. La femme pourra donc s'obliger, même pendant la période suspecte, envers un créan-

cier du mari et dans l'intérêt de ce dernier : son obligation donnera naissance à son profit à une créance garantie par son hypothèque légale.

Mais alors voici ce qui pourra se produire : La femme
après s'être engagée envers un créancier de son mari
comme débitrice solidaire ou accessoire, et avoir obtenu
comme garantie de son engagement le bénéfice de l'hypothèque légale (art. 2135, C. C. et 563, C. Com.) va
pouvoir subroger le créancier dans son hypothèque. De
là fraude possible au détriment des autres créanciers du
failli, et d'autant plus facile à commettre que la femme,
ignorante souvent des conséquences de l'acte, ne pourra
guère résister aux sollicitations dont-elle sera l'objet.

Il nous faut ici examiner en détail cet acte et voir
quels moyens la loi oppose aux fraudes qu'il peut cou-
vrir.

Lorsque la femme s'engage envers un créancier du
mari, et qu'elle subroge ensuite ce créancier à l'hypothèque légale qui lui est donnée pour garantir son recours
contre son mari, un double fait se produit.

1° Obligation de la femme envers le créancier.

2° Constitution d'une garantie hypothécaire au profit
de ce dernier,

Quel va être le sort de chacun de ces actes ? Forment-
ils un tout indivisible de telle sorte que si l'on est considéré comme entaché de nullité, l'autre doit suivre le

même sort? Ou bien demeureront-ils indépendants l'un
de l'autre.

La jurisprudence des Cours d'appel en général, et de la
Cour de Cassation sont très fermes sur cette question.

1° L'hypothèque légale de la femme prend naissance
à la suite de son engagement envers le créancier; c'est
la conclusion certaine, nous l'avons vu, que l'on doit
tirer du silence de l'art. 446, C. Com. à cet égard. Et la
cession de cette garantie peut avoir lieu lors même que
la dette du mari se serait formée avant la Cassation des
paiements. (V. Cas. 9 décembre 1868, Sirey 1869. 1. 117;
Cas. 27 avril 1881, Sirey. 81. 1. 394; Nancy, 19 mars
1879, S. 79. 1. 115).

Mais, si l'intervention de la femme a eu lieu en connaissance de cause et dans le but d'avantager un des créanciers au détriment des autres, l'art. 447 C. Com. devrait
être appliqué.

2° Dans ce dernier cas, l'hypothèque de la femme
venant à être déclarée nulle, son engagement envers le
créancier n'en subsisterait pas moins.

Ce système a rencontré quelques dissidences dans
la jurisprudence.

Les principaux arguments qu'on lui oppose sont
d'ordre différent.

On dit: Si l'on considère comme valable au regard
de la masse l'hypothèque légale acquise par la femme,
on parvient à tourner l'art. 446 et 447 C. Com. Ce que

la loi empêche de faire directement on le fait indirectement. Le mari frappé personnellement d'incapacité
absolue pour créer sur ses biens aucun droit de préférence, n'a pu sans un exercice abusif de la puissance
maritale habiliter sa femme à contracter avec lui des
obligations qui aboutiraient à un résultat identique.

Cette objection tombe si l'on remarque que la faillite,
même après le jugement déclaratif, ne vient pas restreindre la puissance maritale du mari. Ne voit-on pas la
femme intervenir au concordat et prendre part aux
opérations de la faillite, avec l'autorisation de son mari?
A plus forte raison cette autorisation peut-elle être donnée valablement jusqu'au jugement déclaratif.

Dans ce système on arrive à déclarer nulle l'hypothèque légale de la femme en se fondant sur la nullité de
l'engagement.

Une autre opinion, qui a été celle de la cour de
Nancy dans plusieurs arrêts jusqu'à celui du 19 mars
1879 (Sirey. 79, 1. 113), arrive au même résultat en
parlant d'un principe différent.

L'hypothèque de la femme est nulle, et cela d'après
les dispositions de l'art. 446. Il est, dit-on, nécessaire
d'établir une différence entre les hypothèques légales
dans la stricte acception du mot, c'est-à-dire celles qui
naissent de la seule force de la loi sans que les parties
intéressées y soient pour rien, et celles qui ayant ce
caractère à raison de la qualité des personnes prennent

néanmoins leur source dans des actes purement volon-
taires dont les mobiles peuvent être plus ou moins
sujettes à critique. Les hypothèques de cette seconde
espèce se rapprocheraient au fond par leur nature des
hypothèques conventionnelle et parmi celles-là il faudrait certainement ranger celles qui ont pour objet de
garantir l'indemnité des dettes contractées par la femme
avec le mari.

Ce système doit être rejeté. Rien dans la loi ne justifie
cette distinction. La loi donne le nom générique d'hypothèque légale à toute une classe d'hypothèque et cela
sans faire de distinction d'après la nature des créances
garanties. Aucune raison ne s'opposait à ce que cette
distinction fut faite dans l'art. 446, C. Com. Mais, en
l'absence de toute indication formelle, nous ne pouvons
y suppléer.

L'hypothèque une fois atteinte par la nullité de l'art.
446, on ajoute que l'engagement de la femme ne saurait
subsister. La garantie hypothécaire est, en effet, la
condition essentielle de l'obligation personnelle de la
femme. L'art. 1431 la lui réserve formellement.

Cette objection ne porte qu'à demi. L'article 1431
accorde bien un secours à la femme, mais seulement
vis-à-vis du mari : Elle ne saurait se prévaloir de ce
texte vis-à-vis des créanciers qui ne s'y trouvent pas
visés. D'ailleur ce recours contre le mari sera-t-il toujours efficace ? Assurément la loi en l'accordant à la

femme dans l'art. 1431 ne s'en préoccupe pas. Il peut être inutile, soit parce que le mari n'a pas d'immeubles, soit par ce que ceux qu'il possède se trouvent hypothéqués pour toute leur valeur.

Or, fait remarquer très justement M. Labbé, (Note Sirey 1881. 1. p. 393) dès que le mari a cessé ses paiements (et déjà dans les dix jours qui précèdent) les biens de ce débiteur, meubles et immeubles, sont comme affectés par la loi aux créanciers en masse ; ils ne sont plus libres, en ce sens qu'ils ne peuvent plus être affectés à un des créanciers au préjudice des autres par un acte volontaire et gratuit du mari (art. 446), ni par un acte quelconque accompli en connaissance de la cessation des paiements et respirant la fraude (art. 447).

Enfin, pouvons-nous répondre encore, l'hypothèque de la femme n'est frappée que d'une nullité relative : c'est seulement vis-à-vis de la masse qu'elle ne peut s'en prévaloir et si le mari revient à meilleure fortune, la femme se trouvera alors à même de l'exercer.

Faut-il voir dans notre solution, qui maintient vis-à-vis du créancier l'obligation de la femme, une injustice à l'égard de cette dernière ? Il n'est guère facile de l'admettre si l'on considère que la garantie de son hypothèque légale ne lui est enlevée qu'au cas où elle a contracté en connaissance de l'état de cessation de paiements. Du moment où elle a ignoré cet état, l'art. 447 cesse d'être applicable. Si, au contraire, la ruine du mari paraissait

8

inévitable et qu'il y ait en fraude consentie avec la femme au préjudice des créanciers, la situation de celle-ci ne devient guère intéressante. Peut-être ne s'est-elle obligée que dans l'espérance de voir naître cette hypothèque. Mais renseignée elle se serait sans doute abstenue.

Qu'importe. La loi n'accorde plus sa protection spéciale à la femme. Celle-ci devra donc subir toutes les consé-quence du contrat et de sa fraude.

« Nul ne peut, dit M. Labbé (note précitée), se faire un titre de la fraude à laquelle il a coopéré, pour échapper aux conséquences licites des actes accomplis. »

Nous supposons toujours que l'engagement s'est pro-duit de la part de la femme dans l'exercice d'une volonté libre.

Si elle n'avait contracté que sous l'influence de la vio-lence ou des manœuvres dolosives émanant soit du mari ou du créancier envers lequel elle s'est obligée, en pareille hypothèse, toute cause de nullité de droit commun retrouverait ici son application.

Une dernière question nous reste à examiner. Elle a pris naissance à la suite de la loi du 23 mars 1855,

Avant la promulgation de cette loi, les hypothèques des femmes mariées se trouvant affranchies, sans limi-tation de durée, de la nécessité de l'inscription, il était impossible de soumettre ces hypothèques, aux disposi-tions des art. 2146, C. civ. et 448 C. Com. Les dispositions de ce dernier article peuvent se résumer dans les propositions suivantes :

1° Les inscriptions de privilèges et d'hypothèques valablement acquis sont nulles au regard de la masse, si elles ont été prises postérieurement au jugement déclaratif de faillite.

2° Les inscriptions prises depuis l'époque déterminée par le tribunal comme étant celle de la cessation de paiements ou dans les dix jours qui l'ont précédée peuvent être annulées, s'il s'est écoulé plus de quinze jours entre la date de l'acte constitutif de l'hypothèque ou du privilège et celle de l'inscription.

L'article 8 de la loi du 23 mars 1855, en limitant à un an après la dissolution du mariage, la dispense d'inscription en ce qui concerne l'hypothèque légale, il faut en conclure, d'abord, que, l'année écoulée, l'inscription pourra bien être prise jusqu'au jugement déclaratif, mais ne prendra rang qu'à sa date : et, en second lieu, qu'elle peut valablement être prise, même depuis le jugement déclaratif de la faillite, si on se trouve encore dans l'année de la dissolution du mariage.

Ces solutions sont admises par tout le monde. Mais quelques dissentiments se sont élevés sur l'application du paragraphe deuxième de l'art. 448 relatif à l'hypothèque légale de la femme mariée lorsqu'elle n'aura pas été inscrite dans l'année de la dissolution du mariage.

On s'est fondé, pour refuser au tribunal le droit de

prononcer la nullité de l'hypothèque prise après l'époque de la cessation des paiements ou dans les dix jours précédents, lorsqu'il se sera écoulé plus de quinze jours entre la date de l'acte constitutif de l'hypothèque et celle de l'inscription, on s'est fondé, dis-je, sur les termes mêmes de notre texte qui, en parlant d'acte constitutif d'hypothèque, n'a pu viser les hypothèques légales qui ne résultent pas d'un acte de constitution, mais ont leur origine dans le fait même auquel la loi les attache.

Cette objection ne saurait nous arrêter. Il ne faut pas attribuer aux expressions dont s'est servi le législateur une portée qu'il n'a pas voulu leur donner. Il faut plutôt s'en rapporter au but qu'il a voulu atteindre. Lorsque le créancier hypothécaire ne se hâte pas de prendre l'inscription à laquelle il a droit, il est bien vraisemblable de supposer qu'il a voulu venir en aide au commerçant dont les affaires menacent ruine. Quelquefois même, ce ne sera qu'un créancier fictif qui aura consenti à retarder son inscription d'autant plus volontiers que son intérêt n'est pas en jeu.

Les tiers pourront donc être trompés sur le crédit réel du mari. Protection leur est due ici, comme dans tous les autres cas. Nous en conclurons donc que le tribunal pourra, en vertu du pouvoir discrétionnaire que lui donne l'art. 448 § 2, C. Com., prononcer l'annulation de l'hypothèque légale de la femme lorsqu'elle aura été inscrite plus de quinze jours après l'année qui aura suivi la dissolution du mariage.

Telles sont les restrictions que l'art. 563, C. Com. impose à l'hypothèque légale de la femme du failli. Nous avons vu au début de cette étude que la femme devait demander la séparation de biens. Le plus souvent elle ne se décidera à cette mesure extrême que lorsque la ruine de son mari sera devenue inévitable et que les créanciers auront commencé les poursuites. Cependant, il peut se faire qu'elle prenne les devants et que le jugement de séparation de biens ait été prononcé avant même que les créanciers aient pu agir. Ce jugement pourra-t-il lui permettre de prendre une inscription judiciaire laquelle en frappant tous les immeubles du mari lui donnerait une situation privilégiée, que l'art. 563 a voulu lui enlever. Évidemment non. La femme en prenant une telle inscription, n'a pu être poussée que par un mobile frauduleux à l'encontre des créanciers du mari.

Cette inscription ne saurait être maintenue et le tribunal en prononcera la nullité.

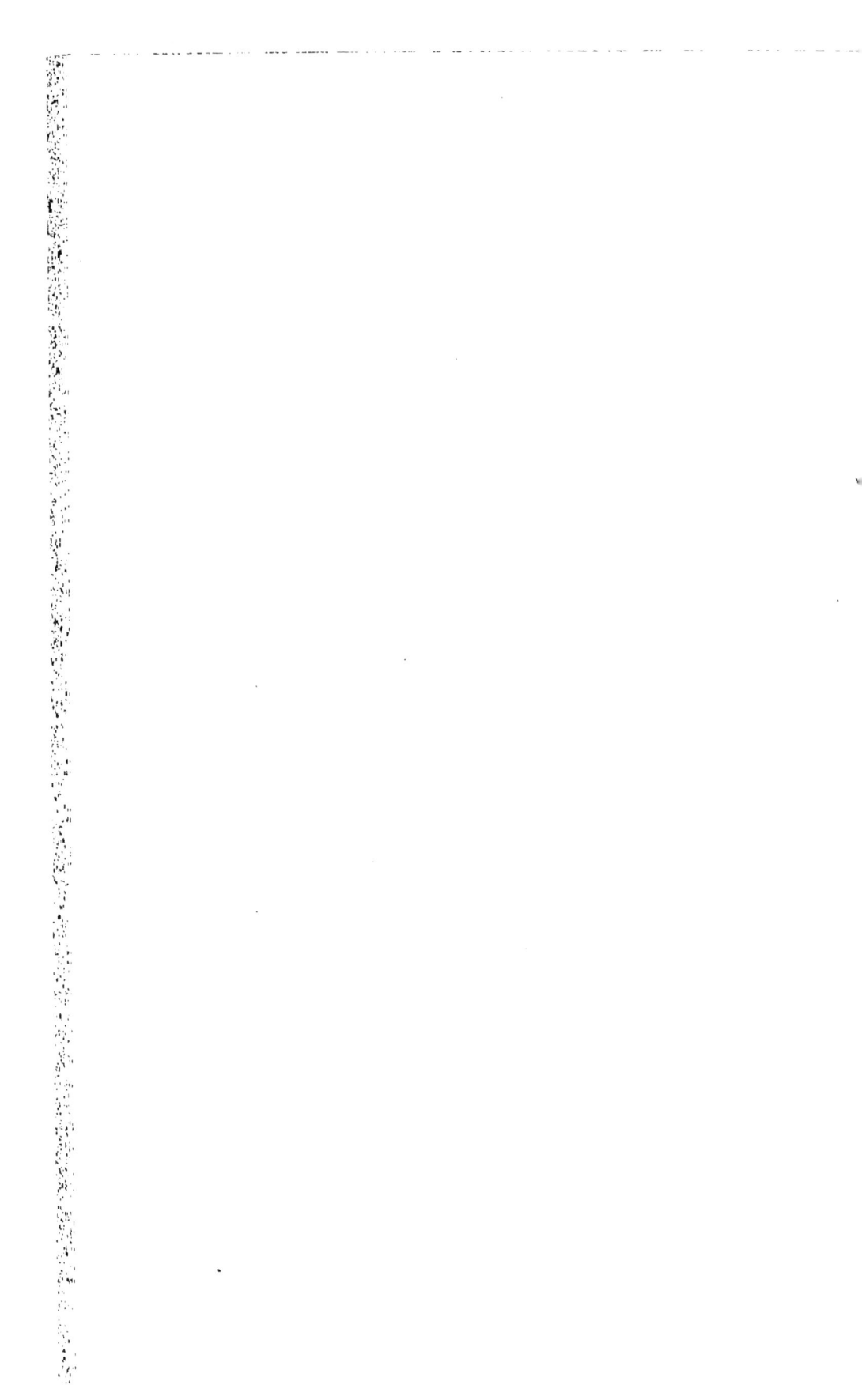

CHAPITRE IV.

Les avantages de l'assurance sur la vie au point de
vue de l'intérêt général et de l'intérêt des familles sont
connus. Elle pousse à l'épargne et convertit en capitaux
des revenus qui sans elle seraient souvent dépensés
improductivement. En outre, elle permet de protéger la
famille contre une ruine imprévue en préservant une
partie du patrimoine contre les poursuites des créanciers.
Les commerçants et les industriels surtout ne savent
pas si, à l'époque incertaine de leur mort, leurs affaires seront dans un état prospère, s'ils pourront laisser à
leurs proches un capital suffisant pour les mettre à
l'abri du besoin.

L'on atteint souvent ce but de la façon suivante : Un
commerçant qui se marie sous le régime dotal constitue
une dot à sa femme sur ses biens personnels. Mais
l'assurance sur la vie est un procédé bien préférable,
car elle laisse intact le capital du mari. C'est donc un

acte très utile, qui ne nuit pas aux créanciers puisqu'il
ne diminue pas leur gage, et que la loi doit valider
puisqu'elle reconnaît le régime dotal.

Cependant, en l'absence de textes législatifs formels
et spéciaux relatifs à cette question l'on s'est demandé
si les créanciers du mari tombé en faillite ne seraient
pas fondés à venir disputer à la femme le profit de l'assurance.

Avant d'aborder cette question fort controversée, quelques remarques préliminaires sont indispensables. Tout
d'abord, un principe qui semble hors de toute contestation aujourd'hui, c'est qu'en cas d'assurance faite au
profit d'une personne déterminée, le bénéfice va directement dans le patrimoine de cette personne et n'entre
jamais dans les biens du stipulant. Or, les créanciers
ne pouvant jamais élever de prétentions que sur ce qui
appartient à leur débiteur, ils ne peuvent invoquer aucun
droit sur une somme qui doit être réputée n'avoir jamais
appartenu qu'au bénéficiaire de la police [1].

Cette règle admise sans difficulté en cas de transmis-
sion d'assurance a été appliquée, pendant longtemps,
par les tribunaux à l'hypothèse que nous avons à examiner [2].

---

[1] Voir la note de M. Labbé sous Cass. 2 juillet 1884 (S. 85, 1, 5,)
[2] Cass. 20 novembre 1879 (S. 80, 1, 175) ; Bordeaux 21 mai 1885
(S. 86, 2, 38).

On admettait que, lorsque le mari contractait purement et simplement l'assurance pour sa femme nommé-
ment désignée, sans rien stipuler pour lui-même, sans
se réserver aucun droit, par conséquent sans idée de
spéculation et dans la seule pensée de prévoyance fami-
liale, afin de mettre sa femme à l'abri du besoin en cas
de décès prématuré, la faillite ne suffisait pas pour en-
traîner la révocation de cette attribution.

Au contraire, il était reconnu que le profit appartenait
à la faillite comme ayant fait partie du patrimoine lorsque le mari, ou bien ne stipulait pas d'une façon indu-
bitable en faveur de sa femme, ou bien, en traitant
pour sa femme, traitait en même temps pour lui-même,
soit en se conservant le droit de transmettre la police
par voie d'endossement, soit en se faisant promettre
que l'assureur lui payerait une somme déterminée en
cas d'existence à une époque déterminée.

Mais en 1879 par un arrêt infirmatif en date du 1er
août[1] la Cour de Paris, répudiant les errements anté-
rieurs de la jurisprudence, proclama que le montant de
l'assurance sur la vie devient, après le décès et la mise
en faillite, la propriété des créanciers sans que la veuve
puisse se prévaloir de l'attribution faite à son profit.
Cette décision, déférée à la Cour de Cassation, fut maintenue par un arrêt de la Chambre des requêtes en date

[1] S. 80, 2, 245.

du 2 mars 1881 (D. 81,1,401) et la doctrine nouvelle, ainsi adoptée par la Cour suprême, ne tarda pas à être suivie par la plupart des Cours et des tribunaux [1].

Méritait-elle cet honneur? C'est ce que nous allons rechercher en passant en revue très brièvement les arguments sur lesquels on l'a établie.

Elle part de cette idée que, dans une assurance au profit d'autrui, le bénéficiaire joue, au regard du souscripteur de la police, le rôle de donataire et que la femme reçoit donc une libéralité de son mari quand celui-ci traite une assurance pour elle. Or, l'art. 564, C. Com. fait tomber au regard de la masse de la faillite les donations portées au contrat de mariage en faveur de la femme, et l'on a unanimement étendu par *a fortiori* cette disposition aux donations faites entre époux pendant le mariage puisqu'elles sont considérées par la loi comme plus fragiles, comme moins respectables que les premières. En conséquence, le mari venant à mourir et sa faillite s'ouvrant, le syndic peut faire annuler la donation contre la veuve et réclamer le capital à la Compagnie comme si le mari avait stipulé pour lui-même.

Ce n'est pas tout, d'après l'art. 559, C. com., tout ce que la femme a acquis pendant le mariage (et par consé-

---

[1] Caen 6 décembre 1881 (Bonneville de Marsangy, II, 649) ; Douai 9 juin 1881 (*J. des faill.* 86, 272).

quent aussi tout ce que le mari a acquis en son nom) est présumé acquis avec l'argent du mari sauf la preuve du contraire ; cette présomption paraît bien s'appliquer à l'enrichissement que le bénéfice de l'assurance procurerait à la femme.

Enfin, si la femme a accepté l'assurance pendant la période suspecte ou depuis la déclaration de faillite, il y a une raison de plus pour annuler l'avantage qu'elle retirerait de l'assurance ; en effet, cet avantage tombe sous le coup des art 443, 446 et 447 C .Com.

Ces arguments indiqués, reprenons les pour en apprécier la valeur.

On dit, d'abord, que l'assurance constitue une libéralité faite par le mari au profit de la femme. Mais ce n'est pas exact pour plusieurs raisons. En effet, le bénéfice de l'assurance va directement à la femme sans passer par le patrimoine du mari, car il est acquis à la femme par le fait même du contrat (Civ. 1179). Donc point de dépouillement de la part du mari : la somme stipulée n'a jamais fait partie du gage de ses créanciers. Par conséquent, ce n'est pas le lieu de faire intervenir en leur faveur la règle *nemo liberalis nisi liberatus*. A plus forte raison ne peuvent-ils invoquer l'art. 564, C. Comm.

Aucune assimilation ne peut-être établie entre l'acte d'un homme consentant à prendre une fraction de ses biens propres, pour la donner à sa femme et l'acte d'un mari contractant une assurance en faveur de sa femme. Lorsqu'il intervient une assurance sur la vie, il est impossible de dire que le failli met dans le patrimoine de sa femme une valeur égale à celle dont il appauvrit le sien. Sans doute le mari se dépouille de la somme nécessaire à l'acquittement de la prime ; mais il convient de noter, d'abord, que cette prime est très minime, ensuite qu'elle se verse année par année, c'est-à-dire par fractions, qu'elle se prend en général sur les revenus de la communauté ou du ménage, et qu'il est donc impossible d'élever un reproche à cet égard du moment que l'individu qui, par la suite, sera déclaré en faillite, est reconnu avoir le droit de disposer de parties peu importantes de son revenu.

Les considérations que je viens de faire valoir permettent d'écarter également l'argument tiré des articles 446 et 447 C. Com. Ces articles sont inapplicables du moment que l'acte incriminé ne constitue pas une libéralité.

L'argument emprunté à l'art. 559 C. Com. n'est pas mieux fondé. Cet article vise le cas de biens acquis avec les deniers du mari ; comme les primes annuelles sont payées avec les deniers du ménage, avec les revenus, on ne peut pas dire que le montant du bénéfice soit procuré au moyen de sommes appartenant en propre au mari. Il y a plus : l'article en question est destiné à réprimer les détournements de l'actif, c'est-à-dire des biens sur lesquels les créanciers sont en droit de compter. Or, comme je viens de l'observer, le montant de l'assurance stipulée au profit de la femme ne fait pas partie de cet actif puisque c'est précisément au moment où le mari disparaîtra, où, par conséquent, sa fortune n'existera plus, que le capital de l'assurance pourra être touché. Il ne saurait être objecté que le failli a figuré au contrat; car il n'y joue qu'un rôle purement passif, stipulant pour une tierce personne.

En dehors de ces objections purement juridiques auxquelles se heurte la théorie admise par la Cour de Paris dans son arrêt de 1879, il y a des considérations fort graves qui s'élèvent contre elle. Il ne convient pas seulement de faire remarquer que cette théorie, qui répute nuls les avantages stipulés par un mari au moment où il est dans une situation prospère, tend à contrarier le développement des idées de prévoyance et à porter un coup fâcheux à l'assurance sur la vie; il faut ajouter que cette jurisprudence est absolument contraire à l'intention du stipulant. Elle arrive en somme à cette solution que, bien que voulant assurer des ressources à celle que la loi lui fait un devoir de protéger pour le cas où la mort le ferait disparaître, le mari passe en réalité une assurance au profit de ses créanciers. Le bon sens s'oppose à ce qu'il en soit ainsi; il ne saurait jamais entrer dans l'esprit qu'un commerçant traitant avec une compagnie en faveur de sa femme puisse être réputé avoir voulu contracter pour ses créanciers.

Il est donc bien permis de conclure qu'en présence de l'opposition des intérêts de la femme avec ceux des créanciers de son mari failli, c'est le droit de la première qui doit l'emporter. Sauf le cas de fraude, le bénéfice de l'assurance stipulée par le mari antérieurement à sa déclaration de faillite et au profit exclusif de sa femme, doit-être attribué à la femme seule.

Tout ce qu'on peut accorder aux créanciers, c'est de retenir sur le capital de l'assurance, le montant des primes payées par le failli. Par là on arrive à concilier le droit des faillites avec l'esprit de l'assurance. Encore faudrait-il peut-être resteindre cette solution au cas où les primes ont été prises sur le capital du failli et l'écarter dans l'hypothèse où elles ont été prélevées sur les revenus.

La doctrine que je viens de défendre a, d'ailleurs, fini par triompher grâce à un heureux revirement qui s'est produit dans la jurisprudence.

Il s'est manifesté, tout d'abord, dans un arrêt de la Cour de Cassation du 2 juillet 1884 (S. 85. 1, 11). La chambre civile y reconnaît que le capital assuré ne sort pas du patrimoine du contractant, que celui-ci n'en a pas la disposition ni le bénéfice durant sa vie, et que ce capital est acquis directement par le bénéficiaire au moment et par l'événement même de la mort du stipulant. La doctrine ainsi admise par cette décision n'était guère conciliable avec la jurisprudence qui attribuait aux créanciers de la faillite du mari tout le bénéfice de l'assurance qu'il avait contractée au profit de sa femme. Aussi l'arrêt de la chambre civile n'a-t-il pas tardé a modifier sur ce point les décisions des tribunaux.

Par arrêt du 8 Mars 1887 la Cour de Besançon [1], adoptant la théorie que nous avons exposée, a décidé que « l'assurance contractée par un négociant au profit de sa femme doit être recueillie par celle-ci, à l'exclusion de la faillite de l'assuré. » Un pourvoi fut formé contre cet arrêt, mais il fut rejeté par la chambre civile le 22 février 1888 (S. 88, 1, 121). Depuis lors, malgré la résistance de quelques cours, de celle d'Amiens [2], par exemple, cette jurisprudence nouvelle a inspiré de nombreux arrêts. Elle se trouve résumée dans l'un des considérants d'un arrêt de la Chambre civile qui casse l'arrêt de la Cour d'Amiens que je viens de citer :

« Attendu, dit la Cour suprême, que les dispositions des art. 559 et 564, C. Com. ne sauraient s'appliquer à une assurance sur la vie contractée directement au profit de la femme du failli, d'une part, parce que le bénéfice de cette assurance n'a jamais fait partie du patrimoine de l'assuré et que l'avantage ainsi créé au profit de sa femme n'appartient pas plus aux créanciers de

---

[1] Annales du droit commercial 1887, 1, p. 144.
[2] . 8 mai 1888 (S. 88, 2, 177).

l'assuré qu'à l'assuré lui-même ; d'autre part, parce qu'en dehors des primes dont, suivant les circonstances, la restitution peut-être demandée par la faillite, on ne saurait soutenir que l'actif du failli ait été diminué du capital de l'assurance qui ne s'est formé que par l'événement de la condition prévue, c'est-à-dire par le décès du stipulant ; qu'admettre, dans ces conditions, la faillite à réclamer le bénéfice l'assurance serait admettre qu'en réalité cette assurance à été stipulée en faveur des créanciers qui arriveraient ainsi à profiter de la création d'un capital n'ayant jamais existé dans le patrimoine du failli...... »

Cette jurisprudence ne saura manquer de produire de très heureux effets au point de vue économique. Car l'assurance est imposée par un sentiment de prévoyance domestique et les négociants ne se decideraient guère à souscrire des polices, ou plutôt l'habitude d'en conclure ne pourrait s'implanter sérieusement dans notre pays, s'ils n'avaient point la certitude qu'après leur mort leurs femmes en receuilleront le bénéfice, même en présence d'une liquidation d'affaires embarrassée ou désastreuse.

Quelques doutes sont possibles, relativement à la solution que j'ai admise, quand le mari a fait une assurance mixte, payable à telle échéance soit à lui-même s'il survit, soit à sa femme dans le cas contraire. Cependant, ici encore il faut reconnaître un droit propre à la femme quand cette seconde éventualité se produit. Car c'est le résultat du caractère rétroactif de l'acceptation de l'assurance par la bénéficiaire. Après quelques hésitations la jurisprudence s'est déterminée en faveur de cette solution.

En terminant sur ce point, je dois signaler que la proposition de loi relative aux sociétés d'assurance sur la vie présentée par M. Lockroy à la Chambre des députés le 19 novembre 1889 prévoit la question qui vient de faire l'objet de ce chapitre et la règle dans le sens pour lequel j'ai exprimé ma préférence.

L'article 14 de ce projet, qui est d'ailleurs, comme il en est fait la remarque dans l'exposé des motifs, le texte de l'article 43 de la loi belge correspondante, dit, en effet : « La somme stipulée payable par suite du décès appartient à la personne désignée dans le contrat, sans préjudice des règles du droit civil relatives au rapport et à la réduction du chef des versements faits par l'assuré. »

La proposition de loi de M. Lockroy a été prise en considération le 22 mars 1890. Il serait désirable qu'elle fût définitivement adoptée par le parlement dans un avenir rapproché ; car, en supprimant les incertitudes auxquelles laisse encore place la jurisprudence actuelle, elle donnerait certainement un élan nouveau au développement de cette institution si utile des assurances sur la vie.

CHAPITRE V

COMPARAISON DE LA THÉORIE DU CODE DE COMMERCE AVEC CELLE DU DROIT COMMUN

D'excellents esprits réclament depuis assez longtemps la disparition de toute distinction entre la faillite
commerciale et les liquidations civiles. L'un des principaux arguments qu'ils invoquent est la situation dé-
favorable que la loi crée à la femme dont le mari vient à
tomber au-dessous de ces affaires quand celui dont elle
a pris le nom exerçait le commerce. De deux ruines in-
dividuelles, dit-on, on ne voit pas pourquoi la responsabilité en remonterait à la femme dans la débâcle du
commerçant et non pas dans l'autre. « Qu'un jour l'an-
tithèse du droit civil et du droit commercial apparaisse
dans le public d'une manière plus tranchée, les commerçants pourront éprouver une réelle difficulté dans
la recherche d'un établissement commercial [1]. »

Nous nous bornons à signaler cette question législa-

---

[1] Thaller, *Des faillites en droit comparé*, II, p. 124.

tive et il ne rentre pas dans notre plan de la discuter. Ce que nous nous proposons, c'est de faire ressortir les oppositions que présentent, au point de vue du sujet qui nous occupe, le droit commercial et le droit commun. A diverses reprises il nous a été nécessaire de signaler certaines de ces différences. Nous voulons maintenant les grouper afin de les faire ressortir plus nettement.

Notons, d'abord, que l'article 561 C. Com. ne déroge en rien au droit commun tel qu'il est exprimé dans l'art. 1494, C. civ. Les articles 562 et 563 § 3, C. Com. et l'esprit de la loi de 1838 démontrent, en effet, que le législateur n'a pas eu l'intention d'enlever à la femme commune renonçante son recours contre le mari tombé en faillite pour le payement qu'elle aurait fait de dettes contractées conjointement avec celui-ci ou tombées de son chef dans la communauté.

Il y a plus de difficulté en ce qui concerne la règle posée par l'art. 560, C. Com. Si l'on admet l'opinion d'après laquelle en droit commun la femme ne serait obligée dans aucun cas à fournir un inventaire de ses propres mobiliers, la divergence entre le droit commun et l'exigence exprimée par l'art. 560 serait considérable. Cette divergence se limiterait, au contraire, au régime de séparation de biens, si l'on se range à la doctrine qui impose en principe à toute femme mariée, même à l'épouse d'un non commerçant, l'obligation de prouver par inventaire ou par acte authentique son droit de propriété sur les meubles qu'elle revendique comme propres. (Cpr. Aubry et Rau, V, § 532, n. 8).

La présomption légale établie par l'art. 559 C. Com. crée, au contraire, une différence notable entre la femme du failli et celle d'un non commerçant. Il n'en serait autrement que si la présomption Quintus Mucius (L. 51, D. *de don. inter virum et uxorem*, XXIV, 1) était encore admise dans notre Droit. Mais, bien que cette prétention ait été souvent émise, elle doit être repoussée, car les présomptions sont de droit étroit et il n'y a dans notre droit civil aucun texte qui, admettant cette présomption, oblige la femme à la combattre, en prouvant que les acquisitions qu'elle a faites pendant le mariage à titre onéreux, l'ont été au moyen de deniers qui lui étaient propres.

Toutefois, sous le régime de communauté de biens la différence créée entre le droit commun et le droit commercial par l'article 559 s'atténue. En effet, il est généralement admis que « toute spéculation, tout déploiement d'activité des époux durant la communauté doit être pour le compte de la communauté. » (Labbé, note sous Cass. 20 août 1872, Sir. 73, 1, 5.)

Mais par là même la différence entre la femme du failli et celle du non-commerçant en déconfiture reparaît sous une autre forme.

En effet, si au moment de la faillite, l'immeuble acheté

au nom de la femme n'a pas encore été payé ou l'a été avec des deniers d'emprunt, l'art. 559, C. Com. ne s'oppose pas à ce que la femme le revendique. En cas de simple déconfiture, au contraire, cet immeuble est censé avoir été acquis pour la communauté et en conséquence lui appartenir.

Cependant, tandis que l'art. 558 impose dans l'hypothèse qu'il prévoit la preuve de l'origine des deniers qui ont servi à l'acquisition par un inventaire ou un autre acte authentique, cette exigence est étrangère au droit commun.

Je me suis occupé jusqu'ici des hypothèses où la femme agit comme propriétaire.

Quand elle agit comme créancière, elle peut invoquer, en principe, les mêmes droits que la femme d'un non-commerçant en déconfiture, sauf en ce qui concerne les avantages matrimoniaux; sur ce point l'art. 564 C. Com. apporte une dérogation au droit commun. Dans les mêmes circonstances où ledit article prohibe les reprises en nature, sont interdites également les reprises en valeur procédant de ces avantages. En effet, l'article s'exprime en termes absolus : il proscrit « toute action » venant d'avantages matrimoniaux, ce qui exclut l'action personnelle comme l'action réelle.

D'autres différences entre le droit commercial et le

droit commun apparaissent quand on passe à l'examen des conditions d'exercice des créances de la femme. En effet, quand la demande de la femme a pour cause des paiements qu'elle aurait² faits pour son mari, le droit commun ne l'obligerait qu'à exhiber la quittance où serait constaté le payement, sans avoir à faire la preuve que c'est réellement de ses propres fonds qu'elle a payés. L'art. 562 combiné avec l'art. 559 impose, au contraire, à la femme du failli l'obligation de prouver : 1. l'origine propre des deniers ; 2. l'emploi réel de ces deniers au payement de la créance.

Une différence analogue entre le droit commun et la loi commerciale se manifeste encore dans l'hypothèse où la créance que la femme veut exercer a pour objet le prix ou la valeur d'un de ses propres. Mais ici la différence est plus ou moins marquée selon le parti qu'on adopte sur les questions délicates que soulève cette hypothèse difficile et que j'ai examinées plus haut[1].

On a parfois avancé que l'art. 446. C. Com. créerait encore une autre différence entre la femme du non-commerçant et celle du failli en ce que celle-ci ne pourrait invoquer la compensation de la créance naissant de ses reprises avec les indemnités qu'elle devrait à son mari. Mais la jurisprudence a repoussé avec raison cette

[1] P. 83 et s.

interprétation de la loi (Caen 27 juin 1874 ; Amiens
16 mai 1877 ; Cass. 12 août 1890).

En effet, si on l'avait admise, on serait arrivée
à ceci, que la femme aurait été tenu de verser
dans la masse le montant intégral des indemnités qu'elle devrait, mais qu'en retour elle aurait
eu à se contenter d'un dividende du chef de ses reprises. Or, ce résultat serait bien dur pour la femme à qui
on ne peut faire un grief de n'avoir pas fait liquider
plus tôt ses reprises.

En second lieu l'art. 446 ne fait obstacle qu'à la compensation *ex diversa causa*. Or, ici on trouve un quasi-
contrat né entre le mari et la femme, qui est la source
commune des indemnités et des reprises. Les deux parties doivent être traitées sur un pied d'égalité et, si la
femme fournit dans son entier la prestation qu'elle devait, elle a droit à la prestation équivalente sans en
être réduite à un dividende.

CHAPITRE VI

DROIT COMPARÉ

L'étude comparée des législations étrangères ne peut
pas conduire à des résultats aussi francs et aussi posi-
tifs pour les faillites que pour d'autres institutions com-
merciales.

M. Thaller, après avoir fait cette remarque (*op. cit.* I,
p. 74), en indique les raisons. C'est que dans la régle-
mentation de la faillite une part assez large est faite
nécessairement à l'état de l'opinion, c'est-à-dire à un
courant d'idées susceptible de varier considérablement
d'un pays à un autre. En outre, les règles de l'organisation de la faillite se mêlent aux règles de l'organisation
judiciaire et de la procédure, règles qui se rattachent
elles-mêmes à la constitution politique des Etats et à
des traditions souvent séculaires.

Ces difficultés que l'on rencontre si l'on veut rapprocher les diverses lois concernant la faillite et tirer un
enseignement de ce rapprochement, apparaissent sur-

tout et atteignent leur plus haut degré lorsqu'on s'occupe particulièrement des droits de la femme du failli.

Certes, à raison des caractères spéciaux que présentent les rapports pécuniaires des époux, la situation de cette femme a attiré l'attention de tous les législateurs. Mais, en réglementant cette situation, ils ont dû nécessairement se préoccuper des régimes matrimoniaux pratiqués dans le pays où ils étaient appelés à légiférer.

Or, les régimes usités dans les divers États ne sont pas à beaucoup près identiques et, par conséquent, les règles touchant les reprises de la femme du failli ne peuvent, faute de commune mesure, être l'objet d'un examen comparatif vraiment fructueux. Ainsi même dans les pays dont la législation civile présente les plus grandes analogies, des différences profondes se manifestent à ce point de vue.

Le Code civil italien, par exemple, se séparant à cet égard de notre Code civil, décide que la communauté ne se présume pas et même qu'elle ne peut, quand elle est stipulée, comprendre que les acquêts. Mais les différences s'accentuent encore plus lorsqu'on examine le droit anglais actuel qui depuis 1870 soumet les époux au régime de la séparation de biens, ou le droit allemand dans lequel on trouve relativement aux rapports pécuniaires des époux une diversité infinie de règles qui varient avec chaque région.

Après avoir montré les difficultés de la comparaison

à laquelle nous allons nous livrer, tentons la, cependan
sous la direction, d'ailleurs, d'un guide excellent, l'ou-
vrage de M. Thaller sur les faillites en droit comparé.

I. Je m'occuperai, en premier lieu des droits que la
femme est admise à exercer dans la faillite de son mari
et des garanties dont ces droits sont entourés.

Mentionnons, d'abord, à ce point de vue la loi autrichienne qui renferme plusieurs dispositions fort remar-
quables et dont on chercherait vainement l'analogue
ailleurs. Elles sont contenues surtout dans le Code civil
de 1811. D'après l'art. 1262 la faillite entraîne immédiatement dissolution de la communauté conjugale. Mais
elle ne rend pas la femme recevable à réclamer la restitution immédiate de la dot ; elle lui permet seulement
d'exiger qu'elle soit mise en sûreté pour qu'elle lui re-
vienne à la dissolution du mariage. Jusque là elle pourra
prétendre seulement à la jouissance de son douaire
comme si son mari était décédé. Encore n'est-ce qu'en l'absence de douaire qu'elle est admise à demander l'usufruit
de sa dot, c'est-à-dire la remise annuelle des revenus
dotaux pour qu'elle les applique aux charges du ménage.

A l'inverse, s'il est prouvé que la femme a eu sa part
du désordre qui a amené la liquidation, la loi Autrichienne lui refuse d'exercer ce droit de jouissance à
l'encontre des créanciers.

En Italie et dans les autres pays dont la législation

s'est modelée sur la nôtre, les droits de la femme du failli sont en principe les mêmes que ceux que lui accorde la loi française. Mais on s'est efforcé en général d'y supprimer les inconvénients de l'hypothèque générale occulte tout en lui accordant des garanties suffisantes.

La loi hypothécaire belge du 16 décembre 1851, par exemple, dans son article 47, décide que le contrat de mariage doit spécifier les immeubles présents qui doivent servir d'assiette à l'hypothèque de la dot ; une ordonnance du président du tribunal doit régler cette même assiette pour les droits ouverts à la femme au cours du mariage.

L'article 1969 du Code italien, dans le silence des conjoints et à moins de limitation expresse, déclare grevés tous les immeubles appartenant au mari lors du contrat de mariage pour la dot, et tous les immeubles possédés par lui au jour des donations ou successions échues à la femme pour les sommes qui en proviennent. D'autre part, cette hypothèque légale n'est jamais efficace que par son inscription (art. 1982).

En Allemagne, antérieurement à la mise en vigueur du Code des faillites du 10 février 1877 les garanties accordées à la femme étaient réglées d'une manière très différente selon les territoires. Il y en avait où ces garanties étaient purement mobilières, soit que la femme fût admise à réclamer une assignation de préférence

sur des valeurs suffisantes pour répondre de la restitution de la dot, soit qu'elle pût invoquer un privilège général d'un rang plus ou moins avantageux qui pouvait
se cumuler, d'ailleurs, avec des sûretés conventionnelles
Ailleurs, au contraire, la garantie était immobilière ;
elle résultait d'une hypothèque, soit générale, soit
spéciale, découlant de la loi ou nécessitant une constitution expresse.

Le Code de 1877 (§ 39) a supprimé toutes les garanties mobilières établies au profit de la femme. Il a laissé,
au contraire, toute liberté aux législations locales relativement aux garanties d'ordre immobilier. Ces garanties consistent, en général, dans le droit de se faire con-
sentir une hypothèque conventionnelle : la femme en se
mariant est recevable à exiger de son mari une sûreté
équivalente à sa dot et destinée à en répondre. Ainsi
la loi prussienne du 10 février 1879 autorise la femme à
réclamer l'inscription d'une hypothèque sur les biens
fonds de son mari à concurrence de ses apports : ce droit
doit être exercé dans l'année où commence l'administration maritale ou encore, s'il s'agit d'un bien advenu plus
tard, dans l'année de sa dévolution.

Les divergences que présentent en cette matière le
droit des diverses parties de l'Allemagne sont appelées
à disparaître quand le projet du Code civil pour l'Empire et les lois accessoires destinées à le compléter
auront été promulgués.

Cette unification de la loi des faillites a déjà été réalisée en *Suisse* par la loi du 11 avril 1889 *(Ann. législ. comp.* 1889, p. 643). Depuis 1874, époque où fut présenté le premier projet de cette loi, la question du sort de la créance de la femme était l'une des plus discutées. Le parti auquel on s'est arrêté, conforme, d'ailleurs, aux idées qui ont généralement cours en Suisse sur la manière dont la loi doit comprendre son assistance envers la femme, consiste à lui accorder un simple rang de préférence sur l'ensemble des biens de son mari par rapport aux autres créanciers chirographaires. Ce rang n'est même pas très avantageux, car la femme ne figure que dans la quatrième classe des créanciers au profit desquels un privilège de ce genre est établi. Encore, comme le montre la lecture de l'art. 219, ne peut-elle invoquer ce rang privilégié pour toutes ses créances. « Est rangée dans la quatrième classe, dit cet article, la créance que la femme du failli a le droit de faire valoir par privilège, à teneur de la législation cantonale, pour la fortune apportée en mariage ou acquise durant le mariage par héritage ou par donation de tiers, pourvu que, en vertu du régime matrimonial, ces biens soient devenus la propriété du mari ou se soient trouvés placés sous son administration. Toutefois, la *créance privilégiée ne peut excéder la moitié des apports.* » Cette dernière disposition fort curieuse, mais fort désavantageuse pour la femme, a été expliquée ainsi dans les travaux préparatoires : il faut admettre, a-t-on dit, que l'épouse doit supporter sa part des dettes contractées pendant le mariage.

Enfin, la loi ajoute encore : « La valeur des biens que la femme a le droit de reprendre en nature et la somme qu'elle obtient en vertu de l'hypothèque légale (dans les cantons où la loi locale admet cette hypothèque , sont imputées sur sa créance privilégiée. »

II. — Il ne suffit pas d'avoir indiqué par quelles garanties sont protégés les droits de la femme. Il faut rechercher aussi par quels procédés elle est admise à faire la preuve de l'existence et du montant de ces droits.

A ce point de vue les législations présentent une diversité de règles bien moindre que celle que nous avons signalée plus haut.

En ce qui concerne, d'abord, les biens acquis et les dettes payées par la femme durant le mariage, la règle admise par la plupart des législations est que ces acquisitions ou ces paiements sont présumés avoir été faits au moyen des deniers du mari, sauf preuve contraire. Cette uniformité de décisions a deux raisons ; la première est que cette présomption existait déjà dans le droit romain sous la non de présomption Mucienne; la seconde c'est qu'elle répond à des suppositions fort probables.

L'Angleterre fait exception, en ce qu'aux termes de la loi de 1882 tout placement, dépôt, vente, etc., inscrit ou transféré au seul nom d'une femme est censé. jusqu'à preuve contraire sa propriété indépendante. Mais, à l'inverse, toutes les valeurs ostensiblement possédées par le failli sont le gage de ses créanciers et la femme ne peut que reprendre ses hardes dans les limites d'une somme déterminée.

S'agit-il, maintenant, de la revendication d'effets mobiliers qui existent en nature dans la faillite? La femme devra faire la preuve de son droit de propriété par un inventaire ou un acte notarié d'après la loi belge, art. 560, et la loi hollandaise, art. 880, par un simple acte ayant date certaine d'après le code de commerce italien, art. 783.

La femme réclame-t-elle, au contraire, la restitution d'une dot en argent ou de valeurs fongibles qui sont venues se confondre dans la caisse et dans le patrimoine du mari sauf stipulation de reprise à exercer? La loi belge exige la production d'un acte authentique; la loi italienne est muette sur ce point et paraît donc admettre les moyens de preuve ordinaires.

Enfin, quand la femme demande à distraire des valeurs qui lui ont été acquises en remploi de sa dot ou bien du prix de vente de ses propres, la loi belge exige encore que l'origine des espèces remployées s'appuie sur un acte authentique tandis que la loi italienne se contente d'un acte ayant date certaine.

Quant au droit général allemand, sur toutes les questions que nous venons d'examiner il admet des solutions très larges. Mais les lois locales assujetissent parfois la preuve des droits de la femme à des règles plus rigoureuses.

La loi autrichienne des faillites (§ 49) exige, pour que la quittance de la réception de la dot par le mari puisse être opposée à la masse, que cette quittance ait reçu date certaine et que cette date se place au moment de la réception de la dot ou, tout au moins, qu'elle soit antérieure d'un an à la faillite.

III. — Les règles relatives à la preuve des droits de la femme sont surtout destinées à protéger les intérêts des créanciers. Il en est de même de celles qui concernent la *publicité* de ces droits.

Cette publicité, par la force même des choses, ne peut guère s'appliquer qu'aux conventions matrimoniales. Il est difficile de l'étendre d'une manière efficace aux biens qui, pendant le mariage, viennent s'adjoindre à la dot primitive.

A l'imitation de l'art. 67 de notre code de commerce, la plupart des législations inspirées par la nôtre se bornent à prescrire la publication du régime conjugal adopté par les époux (Belgique, L. 15 décembre 1872, art. 12).

En Autriche fonctionne un système plus compliqué : La femme doit, pour pouvoir opposer ses reprises à la faillite de son mari avoir pris la précaution d'inscrire ses conventions matrimoniales sur le registre du commerce ;

10

les créanciers postérieurs à cette inscription sont les seuls qui souffriront de sa production.

La loi espagnole présente sur ce point une analogie presque complète avec la loi autrichienne.

IV. — Il me reste à indiquer le sort dans la faillite des avantages faits à la femme par son mari.

Les législations peuvent se diviser à cet égard en deux groupes :

Les unes suivent le même système que la loi française. Les codes hollandais (art. 883), belge (art. 557) et italien (art. 786, al. 2) décident, comme l'art. 564 de notre code de commerce que les avantages portés dans le contrat de mariage tombent au regard de la masse en cas de faillite. La jurisprudence a étendu cette disposition par *a fortiori* aux donations postérieures à la célébration. Cette extension n'a pas été nécessaire en Italie où les donations entre époux pendant le mariage sont prohibées par le code civil.

D'autres législations, au contraire, ne renferment aucune disposition spéciale relative aux avantages entre époux. Ainsi la loi allemande de 1877 autorise seulement à les attaquer par l'action paulienne en vertu de la règle générale posée dans le § 25 qui permet de faire tomber les donations consenties dans les deux années antérieures à la faillite.

V. — Enfin, je dois dire un mot maintenant des lois étrangères qui ont déterminé les droits de la femme au profit de laquelle une assurance a été contractée par son mari tombé postérieurement en faillite.

J'ai eu déjà l'occasion de signaler la disposition de l'article 43 de la loi belge du 11 juin 1874 relative aux assurances et de montrer qu'elle garantit les droits de la femme bénéficiaire de la police contre les prétentions des créanciers.

Au contraire, le code de commerce italien, abandonnant le système, conforme à celui de la loi belge qu'avait proposé la commission chargée de la rédaction préparatoire, décide dans son article 453 que la faillite de l'assuré a pour résultat de faire tomber le capital de l'assurance dans le gage des créanciers et de supprimer, par conséquent, tous les droits de la femme.

La loi anglaise a adopté une solution beaucoup plus conforme aux besoins économiques. Elle attribue, dès le moment de la souscription, la propriété de la police à la femme, en confie la garde et la surveillance à des curateurs (*trustees*) et empêche ainsi toute dissipation de la part du mari. Celui-ci n'ayant aucun droit de disposition sur l'assurance, à plus forte raison ses créanciers ne peuvent-ils en aucun cas en réclamer le bénéfice.

Il n'existe en Allemagne aucune disposition législative spéciale sur la matière. La jurisprudence a donc eu à construire toute la théorie de l'assurance sur la vie au profit d'un tiers ; elle l'a fait de manière à donner

satisfaction à tous les intérêts. De même que la jurisprudence française actuelle, elle admet aujourd'hui que
cette assurance constitue un contrat unique destiné à
faire naître directement une créance au profit du tiers.
Elle arrive donc à soustraire la somme assurée aux
poursuites des créanciers, sauf à leur accorder un recours pour les primes payées en fraude de leurs droits.

INDEX BIBLIOGRAPHIQUE

Anonyme : *Note Sirey*. 1888. 1. 121.

Aubry et Rau : *Cours. de droit civil français*. 4e édit (T. III et V).

Babinet : *Rapport à la Cour de Cassation* (Sirey. 1887. 1. 61).

Bedarride : *Traité des faillites et des banqueroutes*. T. III.

Bertauld : *Subrogation à l'hypothèque légale de la femme. mariée*.

Boistel : *Précis de droit commercial*. 3e édit. 1884.

Bouniceau-Gesmon : *Revue Pratique*. 1871. T. XXXI. p. 74 et suiv. T. XXXII. p. 370 et suiv.

Ravard Veyrières et Demangeat : *Traité de droit Commercial* T. V. 1891.

P. Bressolles : *Examen critique de la jurisprudence sur la femme du commerçant*. Paris 1887.

Brugnon : *De la condition de la femme commerçante*. Paris 1881.

Bufnoir : *Notes Sirey* 1885. 2. 25 et 1889. 1. 465.

Coin Delisle : *Observations sur l'hypothèque légale d'indemnité acquise en temps suspect (Revue critique 1854. T. III. p. 221. et suiv).

Crépon : *Rapport à la Cour de Cassation*. (Chambre civile). Sirey. 1885. 1. 8.

Demangeat : *Rapport à la Cour de Cassation* (Chambre des Requêtes). Sirey. 1881. 1. 145.

Devilleneuve : *Notes Sirey.* 1853. 1. 151.

Esnault : *Traité des faillites et banqueroutes.*

L. Guénée : *Notes Dalloz.* 1887. 1. 113.

Labbé : *Notes Sirey.* 1866. 5. 345. — 1877. 1. 393. — 1880 1. 337. — 1880. 2. 249. — 1881. 1. 145. — 1885. 1. 7. — 1888. 2. 97

Laisné : *Commentaire de la loi du 28 mai 1838.*

Lefort : *Étude sur les contrats d'assurance sur la vie.* Paris 1887.

Levillain : *Note Dalloz.* 1879. 2. 25.

Locré : *Esprit du Code de Commerce.* Paris. 1811, T. VI et VII.

Lyon-Caen : *Examen doctrinal de la jurisprudence commerciale,* Revue critique 1881. p. 279.

Lyon-Caen et Renauld : *Précis de Droit Commercial.* Paris 1885.

Manau : *Rapport à la Cour de Cassation.* Gazette du Palais 15 et 16 avril 1887.

Marx : *Étude sur les droits de la femme dans la faillite du mari.* Paris. 1880.

Massé : *Le droit commercial dans ses rapports avec le droit des gens et le droit civil.* T. III. p. 480 et suiv.

Mornard : *Du contrat d'assurance sur la vie.* Paris 1883.

Ortlieb : *Note Sirey* 1879. 2. 115.

Pardessus : *Cours de droit commercial.*

Petiet : *De la preuve en matière de reprises matrimoniales.* Paris 1886.

Paul Pont : *Explication théorique et pratique du code civil* (Privilèges et hypothèques. T. X et XI).

RATAUD : *Examen de quelques difficultés en maʒière de faillites.* (Revue critique 1867. T. XXXI. p. 1 et suiv.).

RENOUARD : *Traité des faillites et banqueroutes.*

RUBEN de COUDER : *Dictionnaire de Droit Commercial.*

THALLER : *Des faillites en droit comparᵈ.* Paris 1887.

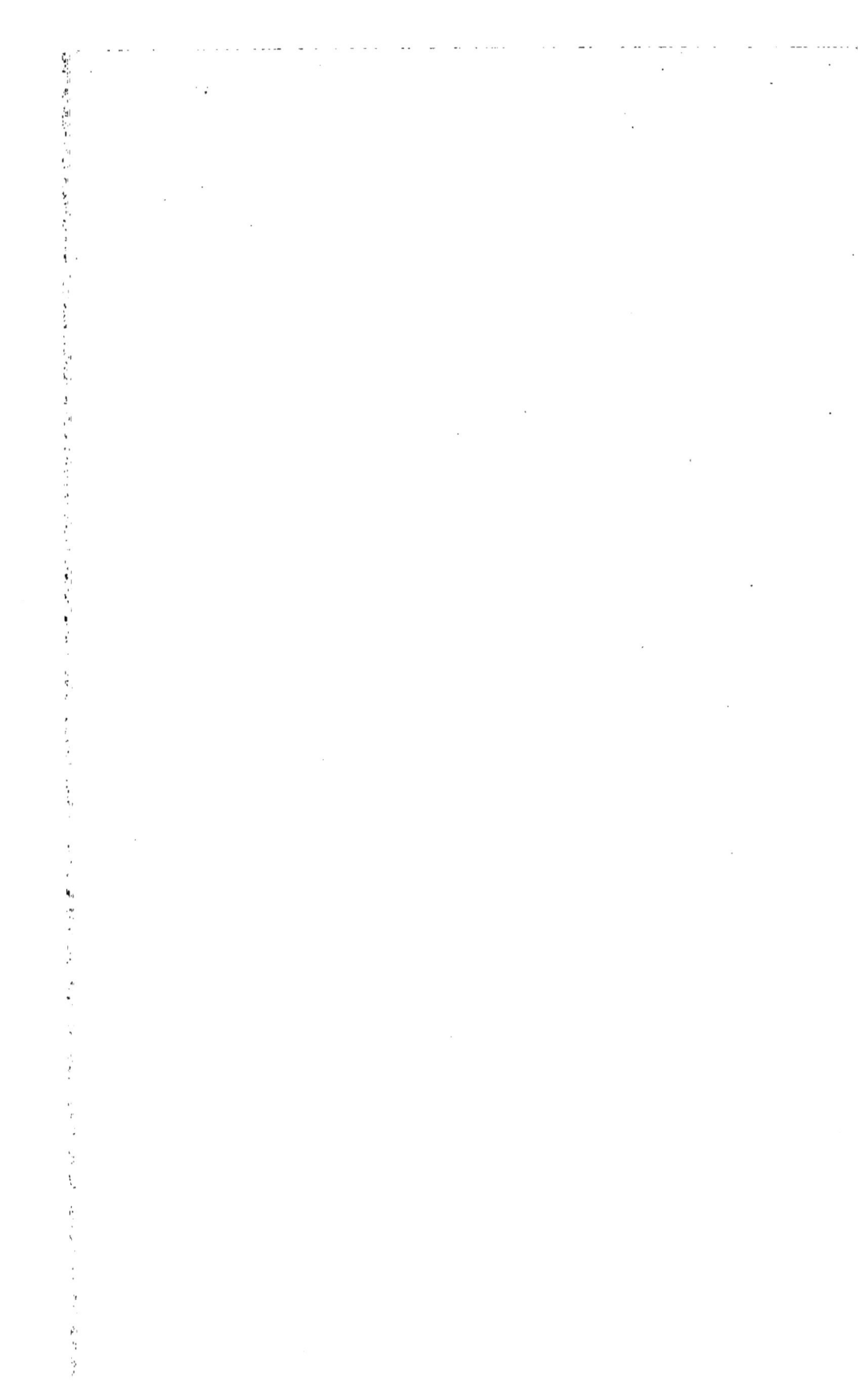

POSITIONS

DROIT ROMAIN

POSITIONS PRISES DANS LA THÈSE

I. — Le vendeur devait manciper ou céder in jure la chose qui était res mancipi même en l'absence d'une convention expresse.

II — Lorsque la chose a diminué de valeur au moment de l'éviction, la condamnation prononcée contre le vendeur peut ne pas atteindre le montant du prix de vente.

III. — Lorsque le vendeur de la chose d'autrui est de bonne foi, l'acheteur ne peut agir en garantie que lorsqu'il a été troublé dans sa possession.

IV. — L'acheteur de mauvaise foi ne peut en aucun cas se prévaloir de l'action en garantie. Il ne peut obtenir ni dommages-intérêts, ni la restitution du prix de vente,

POSITIONS PRISES EN DEHORS DE LA THÈSE

I. — La règle : Res perit domino, n'est pas d'origine romaine.

II. — La compensation légale n'a jamais été admise à Rome, même sous Justinien.

III. — L'action de dol a un caractère subsidiaire.

IV. — L'interdit Salvien tend à résoudre une simple question de possession ; il ne touche pas au fond du droit.

DROIT FRANÇAIS

POSITIONS PRISES DANS LA THÈSE

I. — Les restrictions des articles 557-564 peuvent être invoquées tant par les créanciers hypothécaires que par la masse chirographaire.

II. — Lorsque la femme du failli revendique des immeubles acquis par elle ou en son nom pendant le mariage, elle n'a à pas produire d'acte authentique pour établir l'origine des deniers en dehors des cas prévus par l'art. 558.

III. — L'hypothèque légale de la femme, depuis la

loi du 23 mars 1855, est soumise en cas de faillite, à l'application de l'art. 448, du Code de Commerce.

IV. — Les restrictions de l'art. 564 du Code de Commerce peuvent être invoquées par la femme lorsqu'elle y a intérêt.

POSITIONS PRISES EN DEHORS DE LA THÈSE

I. — La reconnaissance d'un enfant naturel faite par le père, a effet à l'égard de la mère, lorsqu'à cette reconnaissance se joignent l'indication et l'aveu de la mère. (Arg. art. 336).

II. — Le Code Civil n'a pas admis les donations à cause de mort.

III. — L'action paulienne, en droit français, s'applique même aux actes par lesquels un débiteur a simplement négligé d'augmenter son patrimoine.

IV. — Le droit de préférence, peut, même en dehors des cas prévus par différents textes de lois survivre au droit de suite.

DROIT INTERNATIONAL PRIVÉ.

I. — Les étrangers jouissent en France de tous les droits privés qui ne leur sont pas enlevés expressément par une disposition de la loi.

II. — Le père et le fils étant de nationalité différentes le régime des biens de l'enfant mineur est réglé par la loi de l'enfant et non par celle du père.

DROIT COMMERCIAL.

Le porteur d'une lettre de change a un droit exclusif sur la provision.

PROCÉDURE CIVILE.

Le tribunal saisi d'une demande en divorce et d'une demande en séparation de corps, soit principales, soit reconventionnelles peut statuer sur les deux demandes par un seul jugement.

Vu par le président de la thèse,

GARSONNET.

Vu par le doyen,

COLMET DE SANTERRE.

VU ET PERMIS D'IMPRIMER,

Le vice-recteur de l'Académie de Paris,

GRÉARD.

TABLE DES MATIÈRES

Orléans. — Imprimerie G. MORAND, 47, rue Bannier

www.ingramcontent.com/pod-product-compliance
Lightning Source LLC
Chambersburg PA
CBHW050118210326
41519CB00015BA/4013